KB165695

우파의 불만

| 일러두기 |

· 이 책에 실린 인터뷰는 2012년 6월~7월에 글쓴이들을 대상으로 진행한 것이다.

우파의

이태광·박권일
외 4인 지음

The Complaint

of

Right

Wing

새로운 우파의 출현과
불안한 징후들

불만

글항아리

"자유주의자 또는 우파의 비판 앞에서 죄책감을 느껴야 하는
수동적이고 방어적인 태도를 대신하려면,
우리 스스로가 상대편보다 더 훌륭히 비판하는 것 외엔 다른 방법이 없다."

_ 슬라보예 지젝, 「로베스피에르: 덕치와 공포정치」 서문 중에서

차례

한국의 우파가 투덜거리는 이유

한국의 우파는 불만에 가득 차 있다. 좌파가 득실거린다고 불만이고,
경제 기적을 이룬 자신들의 업적을 인정해주지 않는다고 불만이며,
능력 없는 이들을 지원하기 위해 세금을 매우 많이 걷어간다고
불만이다. 이 모든 불만이 어디서 기인하는지 궁금하지 않을 수 없다.
무릇 우파란 무엇인가? 사회 질서를 있는 그대로 받아들이는 자들이다.
인간의 능력은 타고난 것이기 때문에 위계적이고 불평등한 사회구조를
인정해야 한다고 믿는 자들이다.

　　미국의 정치학자 코리 로빈은 『반동의 정신』에서 보수 우파의
정치사라는 것이 불평등과 특권을 수호하기 위한 역사였다고
폭로했다. 이런 점에서 알 수 있듯이, 우파의 정신은 기본적으로 진보와
혁신을 부정하는 것이었다. 좌파가 무엇인가를 바꾸려고 하면 우파가
막아서는 것이 소위 '아름다운 좌우합작'이었던 셈이다.

　　그러나 마거릿 대처라는 독특한 우파 정치인 덕분에 이 구도가
바뀌기 시작했다. 대처는 보수주의를 표방했지만, 실제로 좌파보다

더 많은 변화와 혁신을 도모했다. 학자들은 이 정치인의 이념을
대처리즘이라고 명명하면서, 대처 이후로 등장한 정치적 경향을
신보수주의 또는 신자유주의라고 불렀다. 여하튼 논란은 있지만,
대처리즘이라는 '신종 마약'은 대성공이었다. 대처리즘을 통해 우파는
좌파 못지않은 혁신의 이미지를 제시할 수 있었다. 뤽 볼탄스키 같은
학자가 말하는 것처럼, 이러한 과정에서 좌파 정치학에 사용되었던
다양한 개념이 경영학 용어로 전유되기도 했다.

　이제 좌파의 전유물이었던 이행의 문제를 기업가들이 논하고,
변화와 혁신을 위해 헌신하는 스티브 잡스 같은 CEO의 모습은
자기계발의 모범이 되었다. 물론 이 과정에서 사회 불평등 같은 구조의
문제는 개인 능력의 문제로 치환되었다. 지난날 사회적 책임으로
돌려졌을 가난이 이제는 개인의 무능력과 불행으로 인식되고 있는
것이다. 지난 몇십 년간 우파는 자신의 이념으로 세계를 재편하는
작업에서 만족스러운 성과를 얻었다고 볼 수 있다. 특히 오랫동안
자본주의의 위협으로 작용했던 역사적 공산주의의 붕괴는 우파의
승리를 확신시켜주는 결과인 듯했다.

　말하자면, 근대 이후 우파가 그토록 염원했던 정치와
이데올로기의 종언에 마침내 도달했다는 자축의 분위기였던 것이다.
프랜시스 후쿠야마 같은 미국의 정치학자는 이런 상황을 '역사의
종언'이라는 헤겔의 용어에 빗대어 정의하기도 했다. 그만큼 당시의
여건은 우파에게 낙관적인 것처럼 여겨졌다. 누가 뭐래도 역사는
우파의 손을 들어준 듯 보였다. 하지만 그 뒤 상황은 사뭇 달라졌다.
급기야 후쿠야마까지 나서서 "나는 후쿠야마주의자가 아니다"라고
말할 정도였다. 우파에게 유리한 것처럼 보였던 역사의 전개가 전혀

다른 방향으로 이뤄지기 시작한 것이다.

사실 이데올로기의 종언은 우파에게 결코 유리한 조건이
아니었다. 과거 같으면 이데올로기의 장막에 숨어서 우파끼리 단합할
수 있었지만, 이런 장막이 사라지자 우파도 각자의 능력을 입증하기
위해 서로 경쟁해야 하는 처지가 되어버렸다. 우파 중에도 몇몇 소수를
제외하고는 절대다수가 피곤한 세상에 살게 된 것이다. 과거에는
유대감을 느꼈을 우파끼리도 그 내부에선 위계화되는 일이 벌어졌다.
다만 이런 변화의 원인 제공자가 자신들 스스로라는 생각을 우파는
하지 못한다. 이들에게 필요한 것은 자신의 불행을 초래한 원인에 대한
인식이라기보다, 그것을 해소할 가상의 적이었다. 가상의 적은 가상일
뿐이다. 실제로 이 적이 누구인지 그 실체는 탈이데올로기 시대에 점점
모호해질 수밖에 없다.

적과 나를 선명하게 가르던 정치적 상황은 탈이데올로기
시대에 과장된 제스처에 지나지 않는다. 우파의 불만을 구성하는
조건은 바로 이런 흐름에서 고찰할 필요가 있다. 우파의 불만은
자본의 논리를 인격화하는 부르주아적 주체의 결핍에 바탕을 둔다.
자본에 헌신하더라도 부르주아적 주체는 자신의 완성을 이룰 수
없다. 자본의 운동은 부르주아에게 인격의 성숙을 가져다주기는커녕
그것을 파괴한다. 부르주아가 형이상학적 보완을 통해 자신의 삶을
'도야'하고자 몸부림치는 까닭이 여기에 있다. 생산의 기계화와 삶의
도구화를 서로 구분해서 후자를 비판적으로 바라보는 것이 이른바
부르주아의 철학이다.

말하자면, 우파는 자기완성을 통해 자본주의를 극복해야 한다는
신념을 가진 존재들이다. 이들에게 문제는 자본주의라기보다 그것을

제대로 건디거나 통제하지 못하는 '개인'이다. 우파가 곧잘 추진하는 민영화 정책도 '탁월한 개인'에게 체제의 운영을 맡겨야 한다는 철학에서 나오는 것이라고 볼 수 있다. 이런 입장에서 체제의 결함은 탁월한 개인의 부재와 동일시되는 것이다. 우파의 불만은 이 같은 생각 자체에 내장되어 있는 것이라고 할 수 있다. 우파가 불만을 가질 수밖에 없는 까닭은 이처럼 탁월한 개인이 없기 때문이며, 동시에 그 기준에 자신들이 들어맞지 않기 때문이기도 하다.

우파는 사회 문제를 사람의 문제로 간주하는 경향이 있다. 한국의 우파가 특별해서 이런 생각을 하는 것이 아니라는 말이다. 보수주의에 대한 흥미로운 진단을 제출했던 조지 레이코프는 『도덕, 정치를 말하다』에서 다음과 같이 말한다.

> 보수주의자들에게 부유층의 존재는 모든 도덕의 기반인 보상과 징벌로서의 도덕을 현실화시켜준다. 부유한 사람들이 그들만의 더 큰 특권을 추구하는 것은 잘못된 것도 아니고 시정조치를 해야 할 일도 아니다. 그것은 자연스럽고 도덕적이며, 보상과 징벌로서의 도덕이 지속적으로 작용할 것을 보장해준다. (…) 자유기업이 번성하고, 충분한 자기 훈련과 상상력을 갖춘 사람은 그 누구든지 기업가가 될 수 있다면 보상과 징벌로서의 도덕은 잘 받들어질 뿐만 아니라 그 존재를 빛낼 것이다. 보수주의 논리는, 이른바 '사회적'인 문제는 사람 안에 있다고 간주할 뿐이지 사회에 있다고 간주하지 않는다.[1]

우파에게 부유층은 곧 성공의 상징이다. 또한 이런 성공의 증거는 보상과 징벌이라는 도덕적 가치를 지탱하는 것이기도 하다. 부지런히 일하고 착하게 살면 부자가 될 수 있다는 것이 우파의 도덕이다. 이런 도덕적 가치가 흔들린다고 판단할 때, 우파는 불만을 느낄 수밖에 없다. 한국 사회도 마찬가지다. 우리가 들을 수 있는 우파의 항변은 대체로 능력 있는 부자를 제대로 대접하지 않는 현실에 대한 것이다. 재벌 회장이 탈세 혐의로 검찰에 출두하면서 내뱉는 말들에서 부자 감세를 둘러싸고 벌어지는 논쟁까지, 모든 불만의 목소리는 열심히 일해서 부를 쌓은 '성공한 이들'을 제대로 대접해주지 않는 사회를 향해 있다.

우파는 현실을 향한 불만의 책임을 좌파 탓으로 돌리기 일쑤지만, 솔직히 말하자면 이런 현실을 만들어낸 장본인은 다른 누구도 아닌 우파 자신이다. 특정 사회에서 생산 수단을 소유하고 있는 지배질서의 담지자가 우파라는 사실을 인정한다면 사태는 더욱 명확해진다. 따라서 우파의 보수주의를 "체계적 사상 또는 이데올로기"로 파악하지 않고 "특정한 심리 상태"로 규정하는 것도 그렇게 틀린 입장이 아니라고 하겠다.[2] 그러므로 우파의 불만은 무시하거나 과소평가할 사안이라기보다, 적극적인 입장에서 고찰해야 할 문제인 것이다.

이러한 맥락에서 이 책의 기획은 시작되었다. 나는 종종 외국 친구들에게 한국을 '우파의 기적'이라고 농담 반 진담 반 소개하곤 한다. 인류 역사상 이렇게 우파 스스로 능력의 한계를 넘어서서 '운 좋게' 선진국에 준하는 국가를 만들어낸 예를 찾아보기가 어렵기 때문이다. 박정희 체제라는 성공한 파시즘, 전두환-노태우 체제의 개방정책, 군사정권을 종식시키고 민간정부가 출현했던 일련의 과정은 한국 바깥의 시선으로 본다면 경이롭다고 할 수 있다. 경제 발전과 민주주의 발전을 동시에 이루었다는 찬사가 바로 이런 과정에 대한 평가다. 물론 이 수사학에 감춰져 있는 것은 경제 발전을 우파가, 민주주의 발전을 좌파가 이루었다는 좌우통합의 정신이다. 언제부터인가 "새는 좌우의 날개로 난다"고 생각하는 시민의식이 '새로운 한국'을 추동해나갈 상생의 기준점으로 언급되기 시작한 것은, 그래서 흥미로운 전환이라고 할 수 있다.

　냉전 이데올로기가 약화되고 자유주의적 가치가 보편적인 시민의식의 기준점으로 수용되는 과정에서 한국 보수 진영의 지형도는 많이 바뀌었다. 철 지난 색깔 논쟁이 복귀하기도 했지만, 큰 흐름에서 한국 사회는 자유민주주의의 기조를 유지하는 방향으로 변해가고 있다. 이는 확실히 한국의 우파를 새롭게 성찰해야 할 조건이다. 과거에 진보적 가치를 일정하게 지향했던 중간계급이 보수화되고, 노동운동의 퇴조가 본격적으로 나타나면서, 우파의 스펙트럼은 더욱 다채로워졌다는 판단이다.

　이 책의 문제의식은 여기서 출발한다. 전통적인 관점에서 이야기해왔던 수구 또는 보수와는 '다른' 우파에 대해 말하는 것이 이 책의 목표다. 따라서 이 책에서 일반적으로 쓰이는 '꼴통 우파'를 향한 조롱이나 비난을 발견하기는 어려울 것이다. 다양한 필자가 분석하고 있는 것은 특정한 우파의 행태라기보다, 우파의 보수주의를 유지시키고 있는 이데올로기이기 때문이다.

　이런 관점 아래 이택광은 1장 「'중간계급'이라는 새로운 우파의 불만」에서 달라진 우파의 등고선을 안전과 법, 평등에 대한 중간계급의 열망을 중심으로 그려내고자 했다. 이어서 김민하는 2장 「근대적 스탠더드에 대한 우파의 욕망과 불만」을 통해 근대성에 대한 한국 우파의 글로벌한 표준화라는 욕망을 거론한다. 3장 「기독교 우파와 신新귀족주의」에서 김진호는 '기독교 우파'에 대한 구체적인 문제제기로 나아간다. 특히 한국 자본주의의 형성과 기독교의 역사를 정리하며 그 연결고리를 밝히고자 한 부분은 상당히 흥미롭다. 4장과 5장은 오늘날의 교육과 자본주의 그리고 우파적 사유의 연관성을 비판적으로 살피는 내용으로 채워져 있다. 최태섭은 4장 「인문우파를 위한 현실가이드－교양과 지배의 불가능성에 대하여」에서 인문학과 우파적 이데올로기의 관계를 추적하며, 5장 「멘토, 최첨단 자본주의를 이끌다」에서 박연은 최근 각광받고 있는 '멘토 문화'를 자세하게 분석했다. 젊은 세대와 자본주의를 연결해주는 매개자로 멘토를 규정함으로써, 자기계발의 논리와 '멘토 문화'가 어떻게 관련성을 가지는지 해명하고 있다는 점에서 주목할 만하다. 마지막으로 박권일은 6장 「뉴라이트에서 네오라이트로?－한국의 반反이주 노동담론 분석」을 통해 한국 사회에서 서서히 그 존재감을 알리고 있는 반이주 담론에 대한 분석을 면밀히 진행하면서, 우파의 이데올로기가 어떤 형태로 전환되고 있는지 규명한다.

물론 이러한 분석이 결코 우파의 불만을 해소하는 방향으로 세상이 바뀌어야 한다거나, 거기에 합당한 정책을 내놓아야 한다는 전제를 깔고 있는 것은 아니다. 우파의 불만이 없는 사회가 더 나은 사회라고 할 수 있을지 의문이다. 우파의 불만이 강한 사회가 오히려 더 나은 사회가 아니겠는가? 그러나 문제는 우파의 불만 자체라기보다, 그것을 유발하고 있는 이데올로기다. 이 이데올로기야말로 한국 사회의 구조를 구성하는 물질적 매개다.

우파의 불만을 분석함으로써 우리가 얻을 수 있는 것은 '지금 여기'에서 진행되고 있는 한국 사회의 변화에 대한 이해일 것이다.

독자들이 이 책을 통해 좀 더 나은 삶에 대한 고민을 시작할 수 있다면 옥고를 보내준 필자들의 노력은 헛되지 않으리라 생각한다.

최초에 이 기획을 제안했을 때 흔쾌히 출판을 수락해준 글항아리 강성민 대표에게 감사드린다. 또한 끈질긴 인내심을 가지고 필자들을 독려하며 책이 나올 수 있도록 한 편집자 김신식씨에게도 고맙다는 말을 전하고 싶다. 이 책이 나오기까지 정성을 기울여준 모든 분에게 깊이 머리 숙여 감사의 말을 전한다.

2012년 7월, 글쓴이들을 대표하여

이택광

'중간계급'이라는
새로운 우파의 불만

이택광

표준시민의 출현

2012년 새해 벽두부터 트위터에서 흥미로운 해프닝이 일어났다.

인터넷 신문 『데일리안』이 〈나는 꼼수다〉^{이하 '나꼼수'} 미국 순회공연

출연진에 대한 한 재미교포의 글을 인용 보도하면서 이 일은

시작되었다. 『데일리안』은 2012년 1월 11일자 보도에서 "나꼼수

일행이 비즈니스 석을 이용한 것이 재미교포들의 커뮤니티

사이트를 중심으로 확산되고 있다"는 주장과 함께 "공지영씨가

명품 샤넬 핸드백을 메고 있는 모습이 포착되면서 '나꼼수가

실제로는 99퍼센트가 아닌 1퍼센트였다'는 조소 섞인 반응이

나왔다"고 지적했다.

이 보도가 문제삼은 것은 평소 진보를 표방해온 출연진이

항공기 비즈니스 석을 이용했고, 동행한 작가 공지영이 명품

핸드백을 들고 있었다는 사실이다. 트위터에서 문제의 보도내용은 일파만파로 퍼져나갔고, 평소 인기 트위터리언이었던 공지영은 사실과 다르다고 일축하면서 사태를 진화시키려 했다. 실제로 들고 있었던 핸드백은 명품이 아니고, 비즈니스 석도 원래 이코노미 석이었는데 업그레이드해서 이용하게 되었다는 해명이 나왔다. '끼리끼리 소통'이라는 트위터의 속성상 사태는 이쯤에서 일단락되는 것처럼 보였다.

그러나 그 뒤 나꼼수 팬들의 옹호 발언이 봇물 터지듯 쏟아지면서 상황은 이상하게 전개되기 시작했다. 당사자의 해명을 압도하는 주장들이 난무하기 시작한 것이다. 그 주장은 "진보도 명품 핸드백을 들 수 있다"는 수준을 넘어서 "진보도 가난하지 않다"는 결론까지 치달았다. 진보와 명품 핸드백이라는 괴리를 지적하는 행위는 순식간에 '촌스러운 태도'로 전락했다. 이런 주장을 가능하게 만드는 것은 "진보도 가난할 필요가 없다", 또는 "진보는 가난하지 말아야 한다"는 당위 명제다.

주장의 타당성 여부를 떠나서, 어쨌든 이들이 생각하는 진보가 명품 핸드백이라는 이미지와 충돌하지 않는 그 무엇이라는 것은 확실하다. 일반적으로 진보는 자본가로 대표되는 사회 기득권층에 비판적인 정치 세력으로 받아들여지는데, 이런 인식과 명품 핸드백이 썩 들어맞는다고 보기는 어렵다. 『데일리안』의 보도가 노리고 있는 것도 바로 이 지점이었다. 공지영 자신도 이 사실을 잘 알고 있었기 때문에 문제의 핸드백을 명품이 아니라고 해명을 한

것이다. 그러나 이런 해명도 무색하게 이에 대한 트위터리언들의
반응은 '잘못한 것이 없다'는 태도였다. 이들은 부정 축재를 한 것도
아니고 정당하게 번 돈으로 명품 핸드백을 사는 것은 문제될 것이
없다는 논리를 내세웠다.

　　물론 이 논리가 잘못되었다고 주장하는 것은 다른 차원의
문제다. 다만 이런 발화에 감추어져 있는 정치적 사안은 보기보다
진지한 사유를 필요로 한다. 이 현상에서 한국 사회에서
운위되고 있는 '진보 담론'의 실체를 확인해볼 수 있다는 사실이
중요하다. 87년 민주화 이후 한국 사회에서 일반적으로 진보라고
받아들여졌던 이념이 상당 부분 '소비자 민주주의'에 지나지
않았다는 진실이 이번 해프닝을 통해 드러난 것이다. 소비자
민주주의는 소비자의 권리와 주권의 개념을 혼동하는 상태에서
출현하는 것이라고 볼 수 있다. 소비자 민주주의는 '소비할 능력'과
민주주의를 서로 뒤섞어놓는다. 소비의 민주화에서 중요한 것은
교환가치다. 이 가치를 동등하게 나누어 갖는 것이 말하자면 소비자
민주주의의 핵심 이념이다. 소비자 민주주의는 공론의 장이라고 할
수 있는 공공 영역을 시장으로 대체한 것이기도 하다. 시장은 겉으로
보기에 공평한 소통의 공간이지만, 공공성을 띤 장소라고 보기는
어렵다. 사이토 준이치는 다음과 같이 말한다.

　　　시장은 공동체처럼 닫힌 영역을 형성하는 것은 아니다. 그것은
　　　또한 집합적 정체성에 대한 배타적인 동일화를 요구하는

것도 아니고, 특정한 누군가를 배제하는 것도 아니다. 오히려 시장은 어떤 사람들(현재의 노동시장에 적합한 능력을 가진 자)에게 공동체적 구속으로부터 탈출을 가능하게 하는 자유의 공간이기도 하다. 그럼에도 불구하고 시장은 공공성의 공간은 아니다.[1]

사이토 준이치가 시장을 공공성의 공간으로 간주하지 않는 까닭은 무엇일까? 시장의 매체가 화폐이기 때문이다. 화폐는 질적 차이에 대해 중립적이기 때문에 교환 대상의 특이성을 고찰하지 않는다. 교환만 된다면 그 대상의 질적 차이는 의미가 없다. 따라서 시장에서 중요한 것은 동일한 가치다. 동일하지 않으면 의미가 없다. 질적 차이를 동일하게 만드는 것은 양적인 문제에 지나지 않는다. 이런 의미에서 시장에서 이루어지는 교환은 특이성이 서로 분출하는 공공성과 무관하다고 할 수 있다.

또한 시장은 비인칭의 공간이기 때문에 인격성을 갖지 않는다. 화폐를 통한 교환은 언어를 통한 의미의 교환과 성격이 다르다. 인칭이 없다는 점에서 시장은 공공성의 핵심이라고 할 수 있는 공론의 기점을 만들어내지 못한다. 공론이 의견을 말하는 것이라고 한다면, 시장에서 누군가 인칭을 가지고 발언하는 것은 불편한 일로 비칠 수밖에 없다. 동일성으로 교환되지 않는 의견은 시장에서 가치를 인정받지 못한다. 민주주의가 국가와 일정하게 차별성을 갖는 공공성의 문제라고 한다면, 각자의 의견을 표명할 수 있다는 의미에서 공공 영역은 시장과 다른 차원을 갖는 것이라고 하겠다.

따라서 명품 핸드백 해프닝은 우발적인 상황이었다기보다, 이처럼 한국의 민주주의 이념이 소비자 민주주의로 고착되었기 때문에 발생한 것이라고 할 수 있다. 이 고착된 상황은 민주주의에 대한 한국 특유의 상상력을 만들어내는데, 대표적인 것이 바로 영화 「도가니」를 둘러싼 현상이라고 말할 수 있겠다. 이른바 '도가니 신드롬'이라고 부를 수 있는 이 현상은 도시생활을 기반으로 한 중간계급이 표준시민으로 자기 정체성을 만들어내는 경우라고 할 수 있다. 표준시민은 박권일이 도시산업사회에서 탄생한 중간계급을 어정쩡하게 '강남좌파'라고 지칭하는 것을 극복하기 위해 제안한 개념이다.

> 이 표준시민은 미디어 리터러시media literacy. 온·오프라인 매체 활용 능력와 심화된 '수도권 중심주의'라는 측면에서 1987년 6월의 '넥타이 부대'와도 다르다. 표준시민의 '표준'은 표준어 규정에서 가져온 것이다. '교양 있는 사람들이 두루 쓰는 현대 서울말'이라는 정의가 묘하게도 오늘날 한국 중간계급의 특성을 그대로 보여준다. 아주 거칠게 말하자면, 지금 남한에서 가장 강력한 정치 주체는 '인터넷을 자유자재로 활용하고 수도권에 사는 교양 있는 중산층'이다.[2]

박권일이 표준시민이라 명명한 이들이야말로 김대중 정부

이래 본격화된 금융자본주의와 정보기술산업에 힘입어 등장한 테크노크라트 집단이기도 하다. 이들은 컴퓨터 산업 같은 신종직업군에 속하며, 새로운 기기를 남보다 먼저 사용하고 후기를 올리는 얼리어답터다. 평균적인 한국 사회의 수준보다 자신들이 조금 앞서 있다고 생각하면서, 능력도 없는 기성세대가 권위주의에 기대어 부당한 짓을 한다고 믿는다. 무엇보다도 이들은 "교양 있는 중산층"을 지향하며 수도권에 거주하는 구체적인 정치 세력이기도 하다.

이 표준시민을 전락의 길로 들어서게 만든 장본인이 바로 이명박 정부였다고 해도 과언이 아니었다. 이들 중 일부는 기성정치에 대한 강력한 혐오로 인해 상대적으로 여의도 정치의 때가 덜 묻었던 이명박 후보를 대통령 선거에서 지지했다. 그러나 결과는 참담했다. 경제성장의 열매가 중간계급에게 돌아오지 않았던 것이다. 이명박 정부의 친기업 정책은 중간계급의 허리띠를 졸라매게 만드는 것이기도 했다.

미국산 쇠고기 문제로 두 달 넘게 시위를 벌였지만, 정부는 이들의 목소리에 귀를 기울이지 않았다. 김대중·노무현 정부와 달리, 결과적으로 이명박 정부는 중간계급에게 유리한 정책을 쓸 생각이 전혀 없었다고 볼 수 있다. 쌓이던 불만은 조금씩 분노로 바뀌어 터져나왔다. 그 징후 가운데 하나가 바로 영화 「도가니」를 둘러싼 상황이었다. 영화가 세상을 바꾸었다는 말이 많지만, 사실 세상이 그랬기 때문에 이런 영화가 성공할 수 있었다고 보는 것이

더 맞는 말이다. 이 영화야말로 이명박 정부를 거치면서 엄청난
상실감에 휩싸이게 된 이들, 다시 말해서 표준시민의 열망을 가진
중간계급을 위한 로맨스이기 때문이다.

「도가니」, 중간계급을 읽는 어떤 지점

처음 「도가니」가 개봉되었을 때, 관계자들은 이렇게 놀라운
결과를 예상하지 못했다고 한다. 한국 영화에서 사회 문제를 다룬
작품이 크게 성공한 전례가 드물기 때문이다. 그러나 예상외로
영화는 놀라운 사회적 반향을 불러일으켰다. 어떤 이들은 『정의란
무엇인가』 같은 책이 베스트셀러가 되는 분위기를 예로 들며
사회정의에 대한 대중의 관심이 높아져서 이런 영화가 성공했다는
평을 내놓기도 했다.

　　그러나 사회 문제를 다룬 다른 영화도 많은데 왜 유독
「도가니」가 이런 현상을 일으켰는지 묻는다면, 이제 대중이 부당한
일을 바로잡는 정의에 주의를 기울이게 되었다는 대답만으로는
적절하지 못하다. 「부당거래」 같은 영화가 「도가니」에 앞서
상영되었지만, 별다른 주목을 받지 못했기 때문이다. 사회 문제라고
해도 다 같은 사회 문제가 아닌 셈이다. 도대체 어떤 문제는 관심을
받고 어떤 것은 그렇지 못한 것일까? 그 기준점으로 설정할 수
있는 것이 바로 표준시민이다. 「도가니」는 표준시민의 이해관계를
상상적으로 보여주는 대표적인 영화다. 이 영화에서 특기할 점은

권력의 변태성과 중간계급의 무력감을 실감나게 보여준다는 것이다. 친인척 관계로 학교를 장악한 기득권층은 무소불위의 권력을 휘두르면서 장애가 있는 아이들을 성폭행한다. 이것을 알게 된 서울에서 온 젊은 교사는 먹고사는 문제로 갈등하면서 진실 앞에서 우유부단한 태도를 보인다. 한창때 마음내키는 대로 살아봤던 경험을 가졌지만, 점점 아래로 떨어지고 있는 경제 사정은 주인공을 더 이상 과거의 순수함에 머물게 하지 못한다.

이런 주인공을 사건의 중심으로 불러내는 것은 아이들에 대한 연민이라기보다 '변태들'에 대한 역겨움이다. 더욱 인상적인 것은 이렇게 구역질나는 권력의 회유에 말려들어서 아이들의 보호자가 악마들과 싸우지 않고 타협한다는 설정이다. 부르주아를 증오하고 프롤레타리아를 혐오하는 중간계급의 정서가 정확하게 드러나는 구성이다. 정작 피해자는 자신이 무엇을 하고 있는지 모른다. 불의에 항의하는 당사자는 피해자들이라기보다 그 피해를 목격한 외부인들이다. 이 영화를 전형적인 중간계급의 서사로 만들어내는 것은 이런 논리다. 이들에게 사건은 현재의 문제로 호명되어서 다시 시연된다. 중요한 것은 「도가니」의 내용이라기보다 이것이 실제로 일어난 사실이라는 점의 확인이다.

영화의 배경이 된 학교가 현실에 존재하며, 영화가 사실성의 측면에서 실화의 절반에도 미치지 못한다는 언론보도가 있따르면서 관객들은 아연 공포에 휩싸인다. 영화에 등장하는 인물은 현실에 존재하는 변태적 악마로 현신現身한다. 언제

어디서 이런 변태가 평안한 가족을 파괴해버릴지 모르는 일이다. 중간계급에게 가족은 유일한 은신처다. IMF 금융위기는 이 사실을 중간계급에게 각인시킨 대표적인 사례다. 이런 까닭에 「도가니」의 주인공이 가족의 위기를 경험하는 모습으로 등장하는 것은 의미심장하다.

파괴되어가는 가족을 복원하기 위해 주인공은 부패한 권력과 타협하려고 노력하지만 뜻대로 되지 않는다. 처음에 취향과 맞지 않아서 불편했지만, 이 정도는 개인의 문제이기 때문에 어머니의 훈계 정도로 충분히 희생시킬 수 있다. 말하자면, 개인적인 차원에서 주인공은 가족을 위해 기꺼이 권력과 공모할 수 있다고 생각하는 것이다. 취향의 범주로 본다면, 권력은 속물적인 모습에 지나지 않는다. 그러나 이 영화에서 그려지는 권력은 단순한 속물의 수준에 그치지 않는다. 권력은 악마에 가깝다. 주인공이 아무리 노력해서 비위를 맞추려고 해도 스스로 악마가 되지 않는 이상 이들과 하나가 될 수 없는 것이다.

「도가니」에서 드러나는 중간계급의 무력감은 이런 존재론적 차별성과 관련을 맺고 있다. 타락에 저항하는 도덕에 대한 요청이 여기서 발화한다. 그리고 마침내 역겨움을 참지 못한 주인공은 권력의 바깥으로 뛰쳐나간다. 그러나 현실에서 영화의 결론은 이미 내려져 있다. 이 결론을 바꿀 수는 없다. 쏟아지는 장대비를 맞으면서 죽은 아이의 영정을 들고 서서 우는 주인공의 모습은 직접적인 정치 공간을 만들어낼 수 없는 '끼인 존재'로서 무력한 중간계급의 처지를 극적으로 형상화한다.

이런 맥락에서 도가니 현상은 안전하지 않은 사회에 대한 중간계급의 공포를 드러낸다. 손발이 묶인 채 고문을 당하는 것 같은 공포. 이 중간계급의 공포는 곧 표준시민의 존재론을 위협하는 것이기도 하다. 도시 중산층에게 '시민의식'은 교양에 필수적인 요소다. 교양으로서의 시민의식은 정치의식을 의미하는 것이기도 하다. 표준시민은 '사회적 현안에 관심을 갖는 것'을 공동체의 구성원이라면 반드시 필요한 덕목이라고 본다. 따라서 중간계급이라는 물질적 기반은 표준시민이라는 도덕적 주체로 '승화'되어야 탁월함을 갖춘 존재로 정립될 수 있는 것이다. 이런 주체화의 원리가 도가니 신드롬을 불러왔다고 볼 수 있다.

「도가니」는 중간계급에게 한국 사회가 안전하지 않다는 사실을 새삼 일깨운다. 안전에 대한 문제의식은 중간계급에게 가장 중요한 정체성의 기반을 제공한다. 한국의 중간계급에게 부르주아는 국가나 공동체의 이해관계에 아랑곳없이 사익만을 챙기는 집단이다. 그렇다고 중간계급이 노동계급에게 호의적인 것은 아니다. 현실 세계에서 중간계급은 대개 노동계급이기에 노동의 현실로부터 멀어질수록 '성공한 삶'이라고 생각하는 이들에게 '노동자'라는 사회적 존재는 잊혀야 하는 대상이기도 하다. 따라서 부르주아가 오랫동안 "노동계급으로부터 벗어나는 해방"을 꿈꾸었던 것과 다른 맥락에서 중간계급은 노동계급을 연민하면서도 그 처지를 혐오하는 것이다.

중간계급에게 사회가 근본적으로 불안의 공간으로 비치게
되는 것도 계급적 양가성에서 기인하는 고립감과 무관하지 않다.
물론 이런 고립감은 근대화를 통한 '신체의 변용'에 밀착되어
있다. 도시산업화의 여파로 붕괴한 농촌공동체를 뒤로하고 도시로
집결한 중간계급-표준시민에게 사회는 언제나 불안의 기원이다.
이 문제는 서구 같은 선진자본주의 국가의 경우라면 시민사회의
위기로 인해 촉발되겠지만, 한국 사회는 처음부터 실체를 갖지
못했던 시민사회의 부재 때문에 발생하는 것이라고 볼 수 있다.
사카이 다카시는 신자유주의 권력을 분석하고 안전의 논리를
강화하기 위한 미디어 스펙터클의 문제를 지적하면서, 무차별적인
스펙터클의 폭주에 브레이크를 걸어주던 시민사회의 죽음을
언급하고 있다.[3]

신자유주의의 논리로 국가를 기업의 자본축적에 적합하게
재구성하는 과정에서 공론의 장소로서 기능했던 시민사회는
쓸모없는 분쟁의 온상처럼 보였던 것이다. 자본 친화적으로 국가를
재편하는 과정에서 쓸모없는 차원을 넘어서서 위협적으로 보이는
시민사회는 배제되어야 하는 대상이었다.

법과 질서의 상극은 근대 시민사회의 실정적 윤곽을 그려내어
근대사회의 총체를 규정하였다. 그러나 이러한 상극은 자신의
존재 조건이던 것을 망각이라도 한 듯 질서(보전)의 논리, 즉
시큐리티 논리의 우위에 따라 결정이 내려지는 것 같다.[4]

법과 질서는 기본적으로 괴리를 가질 수밖에 없기에 '실정적 윤곽'의 기준으로 시민사회를 설정했던 것이 근대의 논리라는 것인데, 이런 상황이 역전되어 법과 질서가 시민사회보다 우위에 놓이게 된 것이 지금 상황이라는 말이다. 이 결과 국가의 법제화는 국가의 구성원 전체를 '잠재적 범죄자'로 설정하는 과정을 밟게 된다. 한마디로 국민 모두가 범죄자일 수 있다는 이런 안전의 논리는 시민사회를 위해 그 논리가 작동해야 한다는 근본적인 근거를 상실해버렸다. 안전의 논리를 제어할 당사자가 무력화되어버린 것이다.

한국 사회에서 이런 시민사회의 붕괴를 순차적으로 경험할 수는 없다. 그러나 굳이 말하자면, 87년 이후 민주화 과정에서 교육과 부동산을 통해 부를 축적하기 시작한 중간계급이 시민사회적인 기능을 했다고 볼 수 있다. 물론 이 '시민'이 과연 서구 사회처럼 보편타당성을 추구한 세력인지 되묻는다면 섣불리 긍정적인 대답을 내놓기 어려울 것이다. 그러나 어쨌든 중간계급이 한국의 맥락에서 시민사회를 형성했고, 국가 권력에 대해 자신의 이해관계를 일반적으로 주장할 수 있는 정치 세력을 형성한 것은 사실이다.

실제로 한국의 정치 지형도에서 이들은 대체로 '진보'의 위치를 점하고 있는 것으로 받아들여졌는데, 최근 김규항과 박노자는 이런 중간계급의 진보주의를 '유사 진보'라고 강력하게 비판하고 있다.[5] 물론 이렇게 자유주의의 가치를 정점으로 하는 중간계급의 진보주의를 '민주공화국'이라는 정상국가에 대한 요청으로 읽는다면, 이들의 입장이 보수이긴 하지만, 민주주의 확장을 위해 무의미하다고 말할 수는 없을 것이다. 중간계급이 지지하는 사상의 스펙트럼에서 가장 왼쪽은 아무리 급진적으로 보더라도 진보적 자유주의 정도일 것이다. 진보적 자유주의는 사회민주주의의 미국식 판본이라고 파악할 수 있는데, 90년대 이래로 경제적인 차원은 물론이고 문화적인 차원에서 미국의 가치를 절대적인 것으로 여겼던 과정과 이런 상황은 무관하지 않다.

진보적 자유주의 정도를 극단적인 '좌파 사상'으로 받아들이는 분위기는 중간계급의 보수주의를 보여주는 사례라고 할 수 있다. 실질적으로 보수 논쟁이라고 볼 수 있는 복지 문제를 좌파의 의제라고 생각하는 분위기도 이 문제와 얽혀 있는 것이라고 하겠다. 「도가니」를 통해 촉발된 중간계급의 공포는 신자유주의적 통치성으로 인해서 빚어진 안전 우선의 논리에 기대고 있는 것이라고 할 수 있다. 앞서 사카이 다카시가 지적했듯이, 이 문제는 범죄를 시각적으로 재현하는 미디어의 시각화 능력과 밀접하게 연결된다. 이런 측면에서 도가니 현상은 신자유주의의 통치성이 어떻게 중간계급의 이해관계와 결합되어 있는지를 보여주는 예시라 하겠다.

도가니 현상의 보수주의

도가니 현상에서 확인할 수 있듯이, 한국의 중간계급은 기본적으로

국가와 제도를 불신한다. 흥미롭게도 이 지점에서 중간계급은
아무런 무리 없이 신자유주의적인 규율화를 받아들이는 것처럼
보인다.[6] 이 규율화는 미국식 자기계발의 논리를 주체화의 원리로
인준하는 것이기도 하다. 이런 까닭에 신자유주의는 단순한 경제
논리에 그치지 않고 윤리의 범주를 생산하는 방식이 된다.

　　자유시장주의자들이 끊임없이 주장하는 '최소국가'라는 것은
영토에 국한된 것이라기보다 최소 핵심만을 중심으로 작동하는
내밀한 관리의 제국이기 때문에, 신자유주의가 가치의 구성
원리로서 작동할 수 있다. 결국 최소국가는 소통의 단위를 최소화한
내부자들 사이의 담합을 암시한다. 이 담합이 코드화이고 사회적
차원에서 가치 단위를 생산한다. 기술을 통한 조밀하고 신속한
통신망의 구축은 이 과정을 더욱 촉진시킨다. 인터넷의 SNS 같은
최신 미디어가 국가의 공공성을 대체하는 현상이 일어나는 까닭은
이 때문이다.

　　한국 사회에서 안전에 대한 중간계급의 상상은 상당 부분
이런 신자유주의적인 통치 기술에 부합한다. 국가의 역할을 기술에
맡기는 경우는 감시카메라로 안전 문제를 해결하는 대책에서도
확인할 수 있다. 감시카메라가 사생활을 침해할 수 있다는
고전적 우려는 안전이라는 절대 명제 앞에서 일축당한다. 남는
문제는 감시카메라라는 기기를 통해 얼마나 효과적으로 범죄를
시각화해서 제거할 수 있을 것인지에 대한 고민이다. 이 감시의
대상은 누구일까? 바로 잠재적 범죄자로서 존재하는 사회 구성원

전체다. 「도가니」를 지배하는 욕망은 잠재적 범죄자를 공동체에서
제거 또는 격리시키는 것이다. 이 영화를 보고 분노한 이들은
범죄자를 단번에 없애기 위해 또 다른 강한 권력이 필요하다고
생각하는 것 같다.

　　감시카메라는 감시자를 포함한 모든 이의 행동을 기록한다.
범죄가 발생하면 이 기록은 재생되어 범인을 찾기 위한 결정적인
단서로 용도를 발휘한다. 감시카메라가 제공하는 투명성은
스펙터클이라는 개념만으로 설명하기 곤란하다. 스펙터클은
일종의 기만이라고 볼 수 있는데, 감시카메라는 이런 차원과 다른
문제를 제기하기 때문이다. 물론 감시카메라가 미디어의 시각화
능력에 기반을 둔 스펙터클 생산 기계라는 사실을 부정하기는
어렵다. 그러나 이것은 감시카메라가 직접적으로 이런 스펙터클을
만들어내는 기만의 장치라는 의미가 아니다. 오히려 감시카메라의
스펙터클은 보이지 않는 영역을 상정함으로써 나타난다. 이 보이지
않는 영역이야말로 '나는 감시당하고 있다'는 치안의 인식이다.

　　감시카메라는 인식의 문제다. 감시카메라는 팬옵티콘의
감옥에서 감시자의 자리를 점한다. 주변에 배치되어 있는
감시카메라는 보이지 않는 감시자 노릇을 한다. 그렇다면 이
감옥에서 실질적인 감시자는 누구일까? 바로 사회 구성원
모두이다. 여기에서 아포리아가 발생한다. 사회 구성원 모두를
잠재적 범죄자로 보기 때문에 감시카메라가 필요한데, 그
감시카메라의 눈으로 누군가를 감시하는 당사자도 바로

사회 구성원 모두이다. 모두가 모두를 감시하는 이 상황이
신자유주의적인 낙원이자 지옥이다.

　　신자유주의를 받아들인 중간계급에게 중요한 것은
자기계발이다. 여기에서 자기계발은 표준시민으로 자신을
인준하기 위한 중요한 규율화 원리다. 물론 자기계발의 논리도 늘
아무런 균열 없이 매끄럽게 구성되어 있는 것은 아니다. 『성공하는
자의 7가지 습관』과 『시크릿』은 상당한 격차를 보여준다. 전자가
철저한 자기관리를 추천하고 있다면, 후자는 자기관리로서 달성할
수 없는 미지의 영역, 바로 욕망의 문제를 다루고 있다. 간절히
원하면 이루어진다는 『시크릿』의 메시지는 "꿈★은 이루어진다"고
믿었던 2002년 한국 사회의 풍경에 들어맞는 것처럼 보인다.
바라던 것이 눈앞에서 실현되는 경험이야말로 실재의 응답이다.
이를 통해 주체는 자기 구조화의 계기를 만들어낸다. 되풀이해서
그 실재의 응답이 일어난 기적의 순간으로 돌아가고 싶은 욕망이
『시크릿』같은 상상적인 것을 구성한다.

　　여기에서 중요한 것은 신자유주의의 논리가 어떠한
사회 변화를 초래하는지에 대한 고찰이다. 조애나 보크먼은
『사회주의라는 이름의 시장』이라는 책에서 신자유주의에 대한 여러
정의를 종합하는데, "정부의 정책을 입안하는 시장, 국가기관, 기업,
인구를 조직하는 일련의 이념"이 공통적이라고 지적하면서 대체로
경쟁적인 시장, 작고 권위주의적인 국가기관, 위계적인 경영관리
체계, 그리고 자본주의에 대한 강력한 지지를 신자유주의의

특징으로 꼽았다.[7]

경제적인 측면에서 신자유주의가 경쟁적인 시장주의를 옹호하고 국가기관을 축소시키는 것은 문화적으로 중요한 영향을 미친다. 이런 신자유주의적인 경제 개혁을 뒷받침했던 우파의 이데올로기가 바로 신보수주의라고 할 수 있다. 어빙 크리스톨처럼, 한때 좌파였다가 우파로 전향한 이론가들이 대거 나서서 경제적 신자유주의를 옹호하는 논리를 만들어냈다. 여기에 고전철학을 우파의 관점에서 읽어낸 레오 스트라우스 같은 정치철학자가 중요한 논거들을 제시했다는 사실을 간과할 수 없다.[8] 신자유주의는 신보수주의를 만나서 생활세계의 가치를 완전히 바꿔놓는 중요한 물질적 토대를 형성하게 되었다. 이제 자신에게 내재한 힘을 믿지 않고, 국가의 지원에 의존하는 삶 자체가 바람직하지 못한 것이라는 자기계발의 논리가 문화를 압도하기 시작한 것이다. 이런 과정을 통해 철학이나 인문학 담론을 자기계발을 위한 도구로 만들어내는 문화 현상은 자연스럽게 대중의 의식에 침투하게 되었다.

말하자면, 신보수주의의 논리로 무장한 신자유주의의 자기 통치 또는 자기계발 이데올로기를 받아들이면서 사적인 것을 옹호하고 공적인 것을 경멸하는 사회 분위기가 일종의 대세를 형성하기 시작했다. 차츰 공적인 것은 사적인 것보다 낙후되고 수준이 떨어지는 것으로 간주되었다. 특히 교육 분야를 보면 이런 현상이 두드러진다는 것을 알 수 있다. 언제부터인가 사교육 시장이 공교육을 압도하게 된 것도 이와 무관하지 않다. 그렇다면 신자유주의가 강조하는 자기 통치 또는 자기계발은 왜 문제인 것일까? 범박하게 살펴보면, 이런 주장은 자유주의 정치철학에서 주장하는 자율적 개인의 완성에 부합하는 것처럼 보인다. 그러나 니콜라스 로즈 같은 학자들이 강조하는 것처럼, 이런 신자유주의적인 통치론에서 중요한 것은 자발적이고 능동적인 자기 통치를 촉구하는 감시와 평가의 시스템이다.

신자유주의가 요구하는 자기계발의 목적은 궁극적으로 기업에 적합한 인간형, 푸코식으로 말해서 '인간 자본'으로 자신을 규율화하는 것을 의미한다. 타율에 근거한 자율이라는 이 아이러니는 자기실현을 위한 '멘토'의 존재를 갈구하면서 이른바 '스펙'을 쌓기 위해 자기 성찰마저도 교양으로 취급하면서 받아들이는 젊은 세대의 모습으로 현신하고 있다. 그 무엇보다 자기 통치에 필요한 것은 도전정신으로 치장되는 '기업가 정신'이다. 이런 정신은 한때 인기를 끌었던 개그콘서트의 <마빡이>에서 선명하게 드러나듯, 근면성실을 모토로 내세우는 근대적 노동에 대한 혐오나 조롱으로 나타난다.

창조적 노동이 아닌 단순노동은 자기계발에 성공적이지 못한 삶을 상징하는 것이기도 하다. 창조적 노동의 핵심은 기업가 정신이다. 기업가 정신은 '생산하는' 노동보다 '창조하는' 행위에 더 방점을 찍는다. 독창적이고 우발적인 상황에 현명하게 대처하며, 기성 조직의 경직성을 뛰어넘는 유연한 네트워크의 구성이라는 중요한 삶의 지표가 여기서 솟아오른다. 이 정점에서 나타난 상상적

이미지가 안철수였던 것이다.

　이렇게 기업가 정신을 자기 통치의 기조로 삼고 있는 이들에게 진보나 좌파의 주장은 자기 한 몸 제대로 챙기지 못하고 '공적인 것'에 의존할 수밖에 없는 루저들에 대한 옹호 그 이상도 이하도 아니다. 이런 이유 때문에 한동안 진보 진영에서 내세웠던 전면 무상급식은 신자유주의의 자기 통치 이데올로기를 받아들인 우파에게 스스로 생활을 보장할 수 없는 '문제 가정'을 문제없는 가정과 뒤섞어버리는 무책임한 행동처럼 비쳐졌다. 윌리엄 코널리가 지적하는 것처럼, 사회보장제도에 생존을 내맡긴 공적 지원 대상 가족은 실제로 '실패한 가족'의 다른 표현일 뿐이라는 사실을 상기할 필요가 있다.[9]

　숱한 할리우드 영화가 보여주는 실패한 가족의 '홀로서기 서사'는 궁극적으로 신자유주의적인 자기계발의 논리를 반복하는 것이라고 볼 수 있다. 영화 「도가니」 역시 이런 문제의식을 드러낸다. 이 영화에 공감하는 대중의 반응이 권력 남용에 대한 집단적인 저항이라기보다도, 변태적 범죄의 제거라는 치안사회에 대한 요청처럼 보이는 것도 이 때문일 것이다. '사회파 영화'라거나 '진보 작가의 원작'이라는 수식어가 무색하게도 이 영화가 발 딛고 서 있는 토양은 신자유주의를 지탱해주는 신보수주의다. 이 신보수주의는 '신neo'이라는 접두사에서 확인할 수 있듯이 보수 아닌 보수라는 자기모순을 드러낸다.

　어떤 면에서 신보수주의는 보수이면서 새로울 수 있을까?

바로 기존의 보수주의를 근본부터 부정하면서 정치를 자연의 법칙으로 환원시키려고 하기 때문이다. 신보수주의의 입장에서 본다면, 자유주의 정치철학은 개인의 자연성을 훼손함으로써 자유를 상실하게 만들었다. 자유주의의 목적을 달성하기 위해 자유주의 정치철학을 거부한다는 점에서 이들은 신보수주의다.[10] 도가니 현상 역시 자유주의의 한계와 법치주의의 문제점을 지적한다는 점, 그 목표가 궁극적으로 치안사회에 대한 요청으로 수렴된다는 점에서 상당히 신보수주의적인 경향을 보여준다고 하겠다.

한국의 시민사회는 중간계급이 구성해온 공공 영역이었다. 이 공공 영역은 군사정부에서 민간정부로 권력이 넘어오게 만드는 과정에서 중요한 역할을 했다. 이 과정을 '민주화'라고 부르는 것이 이를테면 한국 사회에서 합의된 용어법이라고 할 수 있다. 그러나 이 민주화가 과연 누구를 위한 것이었는지 되물어볼 때가 되었지만, 이명박 정부의 퇴행으로 이런 질문은 진지한 대답을 얻지 못하고 있는 상황이다. 도가니 현상은 이런 변화에 적응하지 못하고 고립에 빠져버린 중간계급의 비극을 보여준다. 중간계급이 세계를 비극으로 인식하는 까닭은 크리스토프 멘케가 지적하는 것처럼, 근대성 자체의 모순이 합리성을 통해 극복되지 않기 때문이다.[11]

멘케는 근대 세계와 비극의 원리를 연결짓는다. 멘케에게 비극은 근대성으로 인해 실현 불가능한 장르가 아니라, 현재에도 여전히 작동하는 필수적인 경험 형식이다. 이 경험 형식의 원리가 바로 아이러니라고 할 수 있다.

멘케가 고전적인 오이디푸스 비극의 분석을 통해 법과 주체의 관계를 밝혀내는 것은 이 때문이다. 법이 처벌을 내리는 까닭은 교훈을 주기 위함이다. 그러나 오이디푸스의 비극이 보여주는 것은 근본적으로 처벌의 고통을 통해 아무것도 배울 수 없다는 사실이다. 범죄자를 처벌해서 교화한다는 법의 대의가 오이디푸스라는 원초적인 장면에 존재하지 않는 것이다. 오이디푸스의 자기 처벌은 아무런 법적 근거를 가지고 있지 않다. 이것이 비극의 논리다.

법의 정의를 실현하기 위한 오이디푸스의 노력은 이렇게 실패한다. 이렇게 비극을 통해서 얻는 앎은 아이러니 자체다. 이런 앎은 행동으로 이어지지 않는다. 오히려 행동에 대한 회의주의가 비극이라는 장르를 관통한다. 멘케는 이런 비극의 원리가 근대성의 조건으로 내재화되어 있다고 말한다. 경험을 통해서 앎을 구성할 수 없다는 아이러니의 상황이 근대성이다. 따라서 근대성은 판단보다도 가치평가가 중심에 놓일 수밖에 없다.

가치의 다양성을 인정한다면, 자유주의적 다원주의를 채택할 수 있겠다. 이런 관점은 다양한 가치를 인정하고 경쟁하게 하는 것이 이성적 해결책을 내놓을 것이라고 생각하지만, 그렇다고 아이러니의 딜레마가 해결되는 것은 아니다. 어차피 하나의 결론은 나오지 않는다. 수많은 가치와 의견이 서로 공존하면서 맞부딪치는 혼란스러운 상황이 나타난다. 이 상황을 못 견디는 태도가 파시즘이라고 할 수 있다.

근대성이 비극적인 아이러니를 본질로 한다는 멘케의 지적은 타당하다. 이런 맥락에서 수용해야 할 것은 근대성의 문제를 합리적으로 해결할 수 있다는 망상을 버리는 것이다. 오히려 서로 충돌하는 가치들을 있는 그대로 둘 수 있는 관용의 태도가 필요하다. 이 관용은 분명히 자유주의적 규범인데, 지금 우리가 주장해야 할 것이 이 문제가 아닌가 싶다. 자유주의가 옳다는 것이 아니라, 다양한 가치와 의견을 개진할 수 있는 하나의 조건으로 자유주의적인 틀을 적극적으로 받아들이는 것이다.

「부러진 화살」이라는 영화를 두고 벌어졌던 양상들은 한국 사회가 본격적으로 근대성의 아이러니에 봉착하고 있다는 것을 보여준다. 사법부에 대한 불신이라는 진단으로 해결하기 어려운 문제가 여기에 숨어 있다. 사법부에 대한 불신이 한국만 강한 것이 아니라는 사실을 감안한다면, 지금 국민으로 지칭되는 중간계급이 품고 있는 불만을 법 자체에 대한 거부라고 해석할 수 없다. 오히려 이들이 요구하는 것은 법을 폐기하자는 것이 아니라 좀 더 '합리적인 법'을 정립하자는 것이다. 정상적인 법치국가에 대한 열망인 것이다.

이런 논리에서 법을 좀 더 합리적으로 운용하지 못하는 책임을 사법부에 돌리고 있는 것이 지금의 상황이다. 그러나 법이라는 합리성은 결코 아이러니를 골자로 하는 근대사회의 경험을 포괄할 수 없다. 말하자면, 법 제도와 국민의 규범 사이에 근본적인 괴리가 상존하는 것이다. 따라서 정의는 언제나 특정한 세력의 정의일

수밖에 없고, 정의의 이름으로 행해지는 처벌은 언제나 합리적
근거를 제시하기 어렵다. 이런 이유로 민주주의 확장에 대한 정치적
요구가 필요하다.

근대성의 아이러니를 인식하고 있는 이들은 준거점을
갖지 않는 행동 자체에 회의적일 수밖에 없다. 이른바 '먹물'의
주저함이라고 비난하는 분위기가 지금 한국 사회에 만연해 있다.
이런 아이러니를 충분히 알고 있으면서도 행동을(일종의 제스처로)
취할 수는 있을 것이다. 그러나 이렇게 행동에 나설 때, 필연적으로
드러나게 될 규범적 인식과 실천적 경험의 격차는 어떻게 극복할
수 있을지 의문이다. '나꼼수'의 주장처럼, "행동을 위한 어쩔 수
없는 선택"이라는 운명론을 펼칠 수도 없는 노릇이다.

결론: 중간계급의 불만과 비극

지금까지 논의했듯이, 「부러진 화살」이라는 영화를 둘러싸고
비슷한 논란들이 벌어지는 것도 근대성의 이율배반으로 인한
것이다. 표준시민으로서 중간계급은 정치와 윤리를 통해 이런
모순과 이율배반을 극복하는 것이 정상국가라고 생각하지만,
이들의 이상은 근대성의 근본 원리 때문에 실현되기 어렵다.
근대성의 근본 원리는 바로 평등주의다. 모든 개인은 평등하다는
전제는 근대적 인간이라면 수용해야 할 윤리다. 만약 이 윤리를
따르지 않으면 전근대적인 존재다. 이른바 평등주의를 거부하는

이들을 지칭해서 '수구꼴통'이라는 부르는 것은 근대적 윤리의식 때문이라고 볼 수 있다. 표준시민을 만들어내는 규범이 여기에서 돋아나는 것이다.

그러나 평등주의가 지향하는 절대적 평등의 상태는 불가능하다. 언제나 평등의 문제는 모순적이다. 어떤 집단이 자기들끼리 평등해지면 다른 집단은 이 평등을 누릴 수가 없다. 왜냐하면 평등의 문제는 항상 특수한 개인의 욕구와 관심에 근거하기 때문이다. 만인의 평등이라는 전제에 따라 만인의 욕구와 관심을 모두 들어준다면 어떻게 될까? 결과적으로 누구도 평등해질 수 없을 것이다. 평등이라는 개념 자체가 갈등을 유발한다고 보는 것이 더 옳겠다. 이런 까닭에 평등은 규범적 원리가 될 수밖에 없고 이로 인해 구성원들은 계속 불만에 노출되는 것이다.

해결 불가능한 근대성의 문제에 대한 대책들이 크게 다원주의와 신보수주의라고 할 수 있는데, 한국 중간계급의 담론에서 두 사상의 징후를 읽어내는 것은 상당히 흥미로운 일이다. 자유주의 아니면 민족주의라는 사상적 스펙트럼은 중간계급의 정치성을 구성하는 중요한 지표다. 한국 사회에서 목격할 수 있는 중간계급의 사상 지형은 두 경향성의 대립을 통해 형성되는데, 전자가 진보적 자유주의로 수렴되는 것이라면, 후자는 민족주의나 애국주의로 표상되는 것처럼 보인다. 도가니 현상에서 확인할 수 있듯이 지금 사회체제에 모순은 있지만 해결책은 없다는 것, 이 지점에서 중간계급의 불만은 비극성을 강화하고 있는 셈이다. 이런

맥락에서 한국 사회에서 중간계급이야말로 '새로운 우파의 불만'을
만들어내고 있는 원천이다.

이택광을
만나다

이택광은 중산층이라는 표현이 양극화가 심화된 한국 사회의 계급 현실을
제대로 보여주지 못한다는 맥락에서, 오래전 '중간계급'이라는 표현을
제시해왔다. 1장은 이 '중간계급론'의 결산이라 할 수 있다. 필자는 한국
사회 내 부르주아와 노동자계급 사이에 '끼인 존재'로서 중간계급이
갖는 고립감, 그것으로 인한 불만이 구체적으로 무엇이었는지를 영화
「도가니」와 「부러진 화살」을 통해 보여준다. 무엇보다 이 장에서 강조되고
있는 것은 중간계급이 지향하는 소비자로서의 정체성과 정상 국가를 향한
열망을 실현하려는 (그들만의) 민주주의적 가치의 조우다. 이 두 요소의
만남은 우리 사회의 어떤 불안함을 안고 있는가. 아이러니하게도 이택광은
안전을 지향하는 사회라는 이데올로기 안에서 중간계급의 불안과 불만을
탐지한다. 이를 더 깊이 알아보고자 필자를 찾았다(인터뷰어는 '글'로,
답변을 해준 필자 이택광은 '택'으로 표기했다—편집자 주).

치안의 상품화와 중간계급의 욕망

글: 1장에서 가장 주목한 점은 안전에 대한 중간계급의
욕망과 그 요구라는 측면이었습니다. 이와 관련하여 사회학자
로익 바캉의 『가난을 엄벌하다』란 책이 생각나더군요. 책 내용을
보면, 경찰의 전통 유산인 둔한 보신주의 관료 체계를 혁신하는
과정이 짧게 소개됩니다. 윌리엄 브래튼이라는 혁신가는 경찰의
경영 마인드 강화를 위해 투입되죠. 그 당시 최신 경영 이론이던
'리엔지니어링'과 피터 드러커의 '목표관리론'을 적용해 경찰 조직을
'이윤 센터'로 변모시켜버립니다.

1장을 보면서 한국 사회를 향한 우려는 이런 것이었습니다.
가령, 치안 문제를 해결하는 공권력의 사유화 과정에서 경제적
사고의 주입이 벌어지면 어떻게 될까라는. 실제로 신자유주의적
일상이라는 삶의 영역 가운데 경찰로 대변되는 공권력이 경영적
사고를 받아들인다면, 인간의 공통된 가치로 간주되어야 할 생명의
고귀함을 보존하는 행위가 하나의 '서비스'로 전락해버리지는
않을까 하는 우울한 생각이 들었어요.

택: 안전의 문제는 공포라는 정치의 핵심 기제와 연동하고
있습니다. 말하자면 오늘날 안전이야말로 정치에서 가장 중요하게
다루어야 하는 문제가 되어버렸습니다. 과거 냉전시대에
개인의 안전은 국가안보와 동일한 것으로 선전되었죠. 북한의
위협으로부터 국가를 안전하게 지키는 것이 더 중요한 정치적

사안이었던 겁니다.

그러나 탈냉전과 민주화를 거치면서 국가안보 문제는 개인의 안전과 분리될 수밖에 없었죠. 자유시장경제와 소비주의의 확산은 국가보다도 개인을 더 중요시하는 방향으로 사회의 변화를 초래했습니다. 따라서 어떻게 생각하면, 개인의 안전을 매개로 이루어지는 '치안의 상품화'는 당연한 귀결이라고 할 수 있습니다. 상품화는 일정하게 표준화를 수반합니다. 한국에서 중간계급의 성장은 이런 표준화에 대한 열망과 무관하지 않습니다. 지난 민주화 과정에서 확인했듯이, 소비자라는 근대적 주체로 탄생한 중간계급에게 시장은 동등하지 않은 것을 동등한 것으로 만드는 기적의 장소였던 것입니다. 이 동등성을 계속 보장하는 것이 중간계급의 입장에서 정의로운 것이었습니다.

그러므로 중간계급이 볼 때, 경영 원리를 경찰 운영에 도입하는 것은 오히려 치안의 효율성을 강화하는 문제로 보일 것입니다. 중간계급의 저항이 있기 때문에 동남아시아나 라틴아메리카의 사례처럼 경찰 민영화가 가속화되어서 부유층을 위한 공권력으로 전락하는 일은 발생하지 않을 것입니다. 중간계급은 기본적으로 수도권에 거주하는 표준시민을 주축으로 합니다. 중간계급은 자기 계급의 이익이 아니라 '사회 전체'의 이익을 대변한다고 생각하는 특성이 있죠. 따라서 중간계급은 치안의 효율성을 높이는 것에는 찬성하겠지만, 공권력의 사유화에는 상당한 저항감을 나타낼 것이라고 봅니다.

잠재적 범죄자로 등록되는 사회

글: 선생님이 쓰신 글의 내용처럼 모두가 모두를 감시하는 사회에 살고 있는 것 같습니다. "CCTV 달자"라는 말이 아주 자연스러운 사회죠. 요즘 걱정은 지하철이나 고속버스 등 사람들이 함께 모여 있는 공간에서 벌어진 일들을 스마트폰 등의 매체로 담아내 사람들과 공유하는 일입니다. 이는 좋은 지점에선 하나의 '고발'이 되기도 하지만, 한편으론 정상적인 사회라는 테두리 안에서 시각적 불편함을 가져다주는 사람들에 대한 일종의 징벌처럼 느껴지기도 합니다. 결국 안전의 문제라는 것은 사회를 살아가는 인간의 '시각'에서 최대한 정상적인 형태를 유지하려는 것일까요.

택: 질문을 들으니 예전에 개그콘서트 <사마귀 유치원>에서 나온 말이 기억납니다. "정의롭고 용감한 시민이 되려면 딱 세 가지만 기억하면 된다. 정확히 상황을 파악하는 능력과 용기, 화질 좋은 스마트폰만 있으면 된다. 지하철에서 불미스러운 일이 일어났을 때 말릴 필요 없다. 그냥 찍으면 된다. 가장 자극적인 장면을 잡는 게 좋다."(웃음)

특정 사회에서 통용되는 정상성의 범주는 구성원 대부분이 비정상적이라고 합의한 것을 배제하면서 만들어집니다. 따라서 정상성을 지키려는 노력은 사회 구성원 모두에게 규범적인 행동으로 인준되는 것입니다. 정상성을 지키는 것은 결국 감시의 문제입니다. 왜냐하면 정상성의 범주 자체가 시각적인 것을 전제하기 때문입니다. 정상성은 시선이라는 상호관계를 통해 구성되는 것입니다. 타자가 없다면 정상성도 없죠. 따라서 정상성의 범주는 '상호 감시'의 시선 없이 불가능합니다. 이것이 감시인 것은 사회 구성원 모두가 잠재적 범죄자일 수 있기 때문입니다.

사회 구성원에 대한 불신은 '시장의 강화'로 인해 초래되는 '사회의 약화'와 무관하지 않아요. 약한 사회는 결속력의 붕괴를 낳고, 이로 인해서 상대방을 믿을 수 없는 조건이 만들어집니다. 결국 1인 미디어라고 할 수 있는 스마트폰이야말로 CCTV가 개인화된 것이라고 말할 수 있습니다. 결국 "너도 나도 감시하고, 너도 나도 고발한다!"가 성립되는 것이죠. 이 과정에서 우리 모두는 자기도 모르게 감시당하는 잠재적 범죄자로 등록되는 것입니다.

마이클 샌델, 시장에서 얻지 못할 쾌락의 대체재

글: 선생님이 강조하는 중간계급 이야길 좀 더 해보고 싶습니다. 마이클 샌델은 선생님이 말하는 한국 중간계급의 구미에 맞는 학자, 그런 시선을 보유한 지식인이라는 생각이 들기도 했습니다. 그는 『돈으로 살 수 없는 것들』에서 일상생활의 시장화를 경계하죠. 특히 2008년 금융 위기 이후 시장에 대한 반성과 함께 시장을 성찰하는 데 '인간적 가치의 회복'을 논하는 이야기가 점점 많아지고 있습니다. 국내에서도 그 흐름을 받아들였던 것이 매우

오래전 일은 아니란 생각이 듭니다. 하지만 시장은 굳건합니다.
오히려 이런 시장을 향한 반성적 시선이 일종의 '교양'으로만
소비된다는 느낌만 더 강해지는 것 같은데요.

택: 마이클 샌델 열풍은 민주화 이후 한국 사회가 변화해온
방향을 지시한다고 봅니다. 복합적 요인이 겹쳐져서 샌델의
인기를 지속시킨다고 볼 수 있는데요. 여기서 중요한 것은 '정치의
교양화'라는 측면입니다. 사회정의 문제에 대해 논하는 것이
'완전한 자아'를 완성하기 위한 중요한 수단으로 받아들여지게 된
것입니다. 물론 이것을 시장에 대한 반성이라고 받아들일 수도
있겠지만, 그렇다고 시장주의 자체에 대한 거부라고 해석하기에는
무리가 있습니다. 오히려 시장에서 얻지 못하는 쾌락에 대한
대체재로 샌델의 주장이 호출되는 것이라고 볼 수 있습니다. 물론
샌델이 정의에 대한 독창적인 이론을 내세우는 철학자라고 보기
어렵기 때문에, 과연 한국의 대중이 샌델의 주장에 공감해서 관심을
보이는 것인지 의문스러울 수밖에 없습니다.

글: 그 의문스러움을 좀 더 풀어주신다면요.

택: 즉, 정의에 대한 문제라면 굳이 샌델이 아니라도 되겠지만,
반드시 그 대상이 샌델이어야 한다는 사실은 이 현상의 본질을
암시해줍니다.

샌델의 특징이라면 미국 하버드대 교수이고, 뛰어난 대중 강의의 기술을 꼽을 수 있어요. 이런 그의 장점은 최근 유행하고 있는 토크 콘서트 형식에서 확인할 수 있듯이, 격의 없이 대중과 지식 및 경험을 나누는 명사들에 대한 대중의 호의와 무관하지 않을 것입니다. 이 형식은 참여보다도 관조에 가까운 것이고, 동등한 자리에서 대화를 나누기보다 부드러운 권위에 삶의 고난을 위무받는 종교적 의식에 가까운 것입니다. 생각을 추동시키는 지식인보다도 지식과 경험을 나누어주는 멘토를 선호하는 최근 경향과 샌델의 인기는 서로 연동하는 셈이죠.

중간계급은 영화를 통해 무엇을 보는가

글: 선생님은 중간계급의 욕망을 특히 영화라는 매체를 통해 언급한 적이 많았습니다. 어찌 보면 영화 자체가 그 역사를 볼 때, 중간계급의 일상을 배제할 수 없는 것이지만, 오히려 중간계급을 설명하기 위해 영화가 보여주는 메시지를 한 사회 내 중간계급의 특성에 과하게 투영하고 있는 것은 아닐까라는 의문도 들었습니다(웃음). 1장 내용과 관련해서 보자면, 중간계급은 「도가니」「부러진 화살」을 통해 "우리 사회가 이 모양이라니……"라는 메시지에 머문 계층일까요? 어쩌면 사회고발성 영화의 흥행이란 곧 '성찰성의 상품화'라는 또 다른 시장주의의 기획물(혹은 결과물)인 것일까요?

택: 영화는 한국 근대화 과정에서 대단히 중요한 역할을 해왔습니다. 영화는 근대화의 상징이면서 도시생활을 표현하는 매체였죠. 텔레비전과 비디오, 인터넷이 발달했지만 여전히 영화는 도시 중간계급의 문화상품으로 지위를 굳건히 유지하고 있습니다. 일단 영화관에 가서 영화를 보는 행위가 제의적 방식으로 유지되고 있다는 것이 중요합니다. 또한 영화는 텔레비전 방송물과 달리, 감독과 제작사의 자유의지가 일정하게 반영된다고 할 수 있어요. 그렇기 때문에 사회 문제를 다소 자유롭게 다룰 수 있다는 장점을 가집니다. 「도가니」나 「부러진 화살」은 사회고발의 성격을 사전에 전제하고 제작된 영화이긴 하지만, 관객의 호응은 영화의 의도 이상을 넘어서는 것이었다고 볼 수 있습니다. 두 작품 모두 "아무도 우리 편이 아니다"라는 인식을 강화시킨다는 점에서 현재 한국 사회에서 중간계급이 사회에 대해 느끼는 공포를 일정하게 자극했어요. 오히려 이런 측면 때문에 영화의 사회고발성이 더욱 강하게 부각된 측면이 있습니다.

한국의 중간계급은 시장의 취향을 좌우한다고 볼 수 있는데, 이런 맥락에서 지배 이데올로기를 일정하게 체현하면서도 그것에 완전하게 복속되지 않는 모습을 보여줍니다. 「도가니」나 「부러진 화살」 같은 영화가 제작되어 반향을 불러일으키는 것은 이 때문이죠. 즉 소비자로서 자기 정체성을 보유한 중간계급은 히스테리적 주체이기도 합니다. 이로 인해 자본이라는 타자의

욕망에 대해 항상 개방적일 수밖에 없습니다. 이런 특성이
중간계급의 역동성을 만들어내고, 또한 지배이데올로기에 대한
저항을 낳기도 합니다.

유행이 된 듯한 '진보의 재구성'이라는 시선

글: 현실 정치 이야길 좀 해보겠습니다. 진보의 재구성이란
말이 유행이 되어버린 듯합니다. 그러나 이 말은 "민주주의에 대한

창의력과 상상력이 필요하다"라는, 한때 인문·사회과학 서적에
단골손님으로 등장했던 표현만큼이나 일종의 수사로 전락해버리진
않았는가 하는 생각이 듭니다. 특히 통합진보당 사태 뒤, "진보도
별수 없어"라는 상황에서, 선생님이 생각하는 진보의 재구성은
구체적으로 무엇인지 그 지도를 독자와 공유해주신다면요.

택: 한국 사회의 진보가 위기를 맞는 것은 앞서 이야기했던
것처럼, 과거 냉전시대처럼 북한이라는 체제의 경쟁 대상을
기준으로 진보와 보수를 구분했던 관습에서 벗어나지 못하고 있기
때문입니다. 북한이라는 역사적 공산주의 국가를 체제 변혁의
전망으로 삼았던 한국 고유의 민족주의 좌파운동은 소멸했다고
봐야 할 것입니다.
　　그러나 관성 때문에 여전히 과거의 이데올로기를
복권시키려는 움직임은 잔존합니다. 그런 까닭에 지금 한국
사회에서 요청되는 진보의 재구성은 한반도라는 좁은 지정학적
장소를 벗어나서 전 지구적 국면에서 한국의 진보가 어떤 역할을
수행할지를 고민하는 것입니다. 이것은 자본이 요청하는 세계화와
다른 차원에서 요구받는 국제주의입니다.

　　진보의 재구성은 지금까지 좌파의 자리를 점유하고 있던
자유주의와 민족주의가 오른쪽으로 밀려나는 것을 의미했습니다.
왜냐하면 현실의 변화가 자유주의와 민족주의에서 더 이상 좌파적

전망을 이끌어낼 수 없도록 만들고 있기 때문이죠. 한국 사회의
진보를 추동했던 두 이념이 현실에 대한 효과적인 진단을 끌어낼
수 없다는 점에서 진보의 재구성은 새로운 이론의 문제이기도
합니다.

　　지금까지 진보의 문제는 정당 정치에 한정해서 논의되었지만,
정치의 영역은 정당이라는 장치에 국한되는 것이 아닙니다. 정당
정치와 그 바깥의 정치는 언제나 상호작용하는 것이고, 지난
총선에서 확인했듯이, 노동이나 생태 같은 급진적인 진보의 이념은
이제 부르주아 정당정치에서 축출당했다고 할 수 있습니다. 이

상황에서 필요한 진보의 재구성은 당연히 정당 정치 바깥의 정치에 대한 고찰에서 출발할 수밖에 없을 것입니다.

이택광. 문화비평가. 경희대학교 대학원 영미문화전공 교수. 저서로 「99% 정치」 「이것이 문화비평이다」 「인문좌파를 위한 이론가이드」 「무례한 복음」 외 다수. @Worldless

근대적 스탠더드에 대한

우파의 욕망과 불만

김민하

우파에 대해 말하는 것은 어렵다. 그것은 우리가 우파의 범주에
대해 잘 모르기 때문이기도 하지만, 우파에 대해 무언가를 말하는
순간, 그들에 대해 사회적으로 넓게 퍼져 있는 어떤 가치판단에
종속된 발언을 해야 할 듯한 무언의 압력을 느끼기 때문이다. 이는
매우 간단한 방법으로 설명할 수 있다. 우파에 대한 질문을 던지고
그에 대한 반응을 탐구해보면 된다.

아마 대개의 사람들은 우파에 대한 생각을 다음과 같이
표현할 것이다. 한심하다, 무능하다, 사악하다, 불공정하다, 독재
세력이다, 기득권이다, 공익이 아닌 사익을 추구한다……. 여기서
우리는 우파를 평가하는 관점들의 비일관성을 발견하게 된다.
이를테면 이명박 정부의 물가관리 정책에 대한 사람들의 일반적
평가를 떠올려보자. 그들은 평소에 이명박 정부의 경제정책이

지나치게 '시장 친화적'이라며 이것이 양극화를 심화시켜 사회 갈등을 조장한다고 지적한다. 반면 대통령의 결단으로 대기업의 가격 인상 시도를 무력화시키면 정부의 80년대식 시장 개입이 결국 부작용으로 이어질 것이라는 비판을 내놓는다. 이들의 인식에서 이명박 정부는 시장 원리의 수호자인 동시에 시장 원리를 훼손하는 관치의 화신인 셈이다.

　같은 정부를 두고 어떻게 이런 상반된 평가가 가능할까? 이 수수께끼를 푸는 열쇠는 사람들의 정치 세력에 대한 분열적 프레임에서 발견할 수 있다. 많은 사람에게 진보란 '좋은 것'이라 할 만한 가치를 추구하는 세력으로 인식되고 있다. 아마 이런 틀에서 생각하면 보수는 '나쁜 것'을 하려는 집단으로 규정하는 게 자연스러울 것이다. 최근의 정치적 분위기에서 우파는 보수와 동일한 위상을 갖는 어휘로 사용되고 있는데, 좌파의 경우는 어떤가? 좌파라는 어휘의 가치판단은 사실상 제각각이다. 북한을 추종하는 집단, 무조건적인 평등을 추구하는 집단, 현실이 아닌 이상에 집착하는 집단, 폭력을 추구하는 집단······.

　이러한 틀을 좀 더 건조한 시선으로 바라본다면, 실제로 우리의 인식을 규정하는 정치적 관점의 틀이 우파와 좌파의 대립이 아니라 우파와 반反우파로 이뤄졌다는 사실을 깨달을 수 있다. 우파라는 집단에 대항하는 제각각의 논리가 존재하는 것이다. 우리는 역사적 경험을 통해 이러한 구도가 정치적으로 계속해서 재생산되어왔다는 것을 잘 알고 있다. '독재 대 반독재' '한나라당 대

반한나라당' 'MB 대 반MB'와 같은 구도가 대표적이다.

이 구도는 정치인들이 자신이 행하는 정치의 정체성을 이야기할 때 편리하게 사용할 수 있다. 하지만 현실을 엄밀히 파악하고자 할 때 이러한 정치적 구도는 장애물로 작용한다. 예를 들면 반우파 집단이 정권을 잡는 것을 가정해보자. 이들이 집권하는 순간 반우파라는 기치는 '이제부터 무엇을 할 것인가?'라는 물음으로 전환될 것이다. 이 물음에 답하기 위해 반우파의 깃발 아래에 모여 있던 정파가 각자의 요구를 제출하면 한국 사회의 진정한 정치 지형이 수면 위로 드러나지 않겠는가?

우리가 만일 이들의 열렬한 지지자였다면 바로 이 순간에 엄청난 당혹감에 휩싸일지도 모른다. 왜냐하면 이 요구에는 좌파적이지 않은, 즉 우파적인 것들이 포함되었을 가능성이 매우 높기 때문이다. 우파에 반대하기 위해 싸웠는데, 승리한 그 순간에 우리 중 누군가 혹은 바로 우리 자신이 우파의 일원이라는 사실을 발견하게 되면 그다음부터 대체 어떻게 할 것인가?

이런 경우를 사전에 대비하기 위해서라도 한국 사회의 정치 지형을 정확히 파악하고자 한다면 '우파 대 반우파'의 관점을 버리고 각각의 정치 세력이 무엇을 원하는지 알아야 할 것이다. 그리고 이 탐구는 특정 정치 세력의 정파적 득실을 고려하는 것이 아니라, 실제로 현실 정치에서 어떤 일이 일어났는지를 객관적으로 짚어보는 것에서부터 출발할 수밖에 없다. 즉, 우파·반우파의 정파가 과연 무엇을 하려고 했는지 최대한 선의에 입각해서

해석해보는 것이다. 그렇게 하지 않으면, 우리는 영원히 누가
좋은 놈이고 나쁜 놈인지를 찾아 헤매는 미로에서 벗어날 수 없을
것이다.

성장이냐, 안정이냐[1]

우파의 근본을 찾으려면 해방 직후의 정치 공간까지 시간을 돌려야
하겠지만, 오늘날 현실 정치의 맥락에서 따져본다면 박정희 시대로
돌아가는 것으로도 충분하다. 박정희 시대를 잘 이해하기 위해서는
그 시기에 박정희가 한국의 현실을 보는 방식부터 이해할 필요가
있다.

좀 더 쉽게 생각하기 위해 〈심시티〉 같은 컴퓨터 게임을
떠올려보자. 한국의 현실을 보는 박정희의 심경은 아마 심시티를
지금 막 시작한 게이머의 그것과 같았으리라 추측할 수 있다.
국가를 운영하기 위해 필요한 것들을 허허벌판에 지어나가기
시작하는 것이다. 〈심시티〉와 같은 게임을 통해 발전소, 도로 등의
각종 기간시설을 짓고 주거지역과 산업지역을 설정하면서 도시의
수지타산을 맞추는 과정을 체험하는 것은 독재자들의 생각을
이해하는 데 참으로 안성맞춤이다. 아마 박정희가 어떤 사람들이
생각하는 것처럼 자신의 기득권을 형성하고 유지하는 데에만
관심이 있었다면, 굳이 국가의 경제체제를 세심하게 설계하려
들지는 않았을 것이다. 일부 보수 우익이 칭송하는 대로 박정희는

나름의 지도자적 마인드를 갖고 있었음이 분명하다. 그렇기 때문에
민족중흥이니 근대화니 하는 개념으로 자신의 사명감을 과시하는
데 열중할 수 있었던 것이다.

군인 출신인 그의 생각으로는 남북 분단의 상황에서 안정적인
국방력을 유지하기 위해서는 무엇보다도 남한 내의 산업구조가
빠른 속도로 발전하는 압축성장이 필요하다고 보았을 것이다.
그러한 작업을 하려면 국가가 경제개발을 주도해서 인위적인
성장을 주도하는 방법밖에는 없는데, 실제로 박정희가 집권하던
시기의 경제정책은 국가가 돈을 풀고 기간산업의 발전을 장려하는
방식으로 집행되었다.

문제는 그의 방식이 경제정책 시행의 상식에 부합하지
않는다는 데 있었다. 이를테면 이러한 고민의 결과물이었던 1971년
'중화학공업화'와 '국민의 과학화'를 시행하는 과정에서 자금
조달이 문제가 되자 당시 재무장관이었던 남덕우에게 '내가 전쟁을
하겠다는 것도 아닌데……'라고 반응했다는 일화는 유명하다. 이
이야기가 재미있는 이유는 국가가 돈을 푸는 정책을 쓰면서 그
돈을 어디서 끌어와야 할지에 대한 대안이 사실상 없었다는 것이나
마찬가지이기 때문이다.

국가 주도의 경제개발 정책을 쓰면서 생긴 문제는 이뿐만이
아니었다. 시간이 지나면서 한국 경제는 보다 근본적인 문제에
직면하는데, 이는 거시경제 정책의 ABC에서 찾을 수 있는 딜레마
같은 것이었다. 즉, 이런 것이다. 시장에 돈이 풀리면 당연히 산업의

고도화 속도가 빨라질 것이다. 하지만 이로 인한 경기과열은 인플레이션과 이른바 거품경제의 확대를 부채질한다. 1970년대 말이 되면 문제가 성장 잠재력까지 위협하는 수준에 이르는데, 미국에서 신자유주의 경제학을 공부하고 돌아온 관료들이 한국 경제의 새로운 패러다임이 필요하다고 주장하면서 '성장이냐, 안정이냐'라는 경제 관료들 사이의 전통적인 논쟁 구도가 만들어진다. 논쟁 구도는 전후戰後 일본의 경제를 재건하려는 통산성 관료들의 노력을 소재로 한 소설인 『관료들의 여름』에도 등장하는 것으로 개발도상국의 경제정책을 둘러싼 갈등의 전형이라고 할 수 있겠다.

기존의 '박정희 모델'을 거부하는 새로운 흐름을 주도한 사람 중 한 명은, 전두환 정권 시절 아웅산 묘소에서 사망한 그 유명한 김재익인데, 1973년에 그가 했다는 주장을 옮겨보면 이들의 사상이 오늘날 익숙하게 접하는 신자유주의의 구호와 별반 다르지 않다는 사실을 깨닫게 된다. 이렇게 보면 당시의 논쟁 구도는 선진국의 경제 흐름을 주도하던 신자유주의와 개발도상국 특유의 개발주의가 맞부딪쳤던 것으로 평가할 수 있다.

처음에 박정희는 이러한 구상에 강력하게 반발했다. 그러나 한국개발연구원 등의 국책연구기관과 한국은행 역시 동일한 현실 인식을 하고 있다는 사실이 알려지자, 기존의 국가 주도의 경제개발 정책을 고수하는 것에서 한발 물러서서 당시 '안정화론자'로 불리던 신자유주의자들의 의견을 일단 수용했다. 하지만 언제든 이들의 주장을 물리칠 준비를 하고 있던 상황이었다. 풀었던 돈을 걷어들이는 안정화 정책의 시행으로 인해 사회적 혼란이 일어나자 박정희는 정책 철회를 고민하지만, 10·26 사태가 일어나 박정희가 사망하자 오히려 신자유주의자들의 안정화 시책은 큰 무리 없이 진행된다.

1980년에 전두환이 집권하자 성장이냐, 안정이냐의 논쟁 구도에 다시 긴장감이 조성된다. 전두환은 군인 출신으로 경제에 대해 아는 것이 아무것도 없었으므로 경제 관료 사이에서는 '대통령의 머릿속은 그림을 그리기 전의 도화지와 같다'는 말이 나돌 정도였다. 즉, 누군가 먼저 밑그림을 그리면 그것에 어긋나는 그림을 그리는 게 대단히 어렵다는 이야기다.

그중 먼저 밑그림을 그린 쪽은 '안정화론자'들이었으므로 전두환 정권의 기본적인 경제정책은 안정화와 긴축에 초점을 맞춘 상태로 시작되었다. 오늘날 사람들이 '전두환은 최소한 물가는 안정시켰다'고 회고할 수 있는 것은 한국 경제의 외부적 요인에 따른 것이기도 하지만, 이러한 정책의 방향이 바뀌지 않았기 때문이라고 볼 수 있다. 문제는 이 정책이 기업 활동에 있어서 오히려 방해물로 작용했다는 것이다. 이를 이해하기 위해 앞서 언급한 박정희 모델의 선례를 생각해보자. 정부가 선도적으로 산업 발전을 장려했으므로 여기에 연관된 기업들이 급속하게 성장할 수 있었다는 것은 상식적인 결론이다. 기업은 정부가 시장에 공급한 돈으로 몸집을 불리고 매우 공격적인 투자를 시도했는데,

성과가 좋았던 일부는 오늘날 재벌이라고 불리는 기업들의 모태가 되었다. 하여튼 과잉 공급된 자본을 통해 기업이 몸집을 불리는 것을 '거품'이라고 부르는데, 안정화 시책으로 통화량이 감소하면 이 거품이 꺼지는 것은 시간문제이고 그런 경우 기업의 피해는 기정사실화되는 것이었으므로 재계의 위기감은 날로 고조되는 상황이었다. 이런 상황에서 재계가 선택한 방법은 전두환 정권의 약한 고리를 공략하는 것이었다. 이들은 경제정책을 결정하는 과정에서 경제 관료의 영향권에서 자유로운 군부 실세에 대한 전방위적 로비를 펼쳤는데 허화평, 허삼수 같은 인사들을 주요 대상으로 삼았다. 재계는 이들의 영향력을 잘 활용해 자신들의 이권을 수호하는 데 어느 정도의 성과를 거두었다.

하지만 노태우 정권이 들어서고 1987년 6월부터 시작된 노동자대투쟁의 영향으로 재계는 더욱더 어려운 상황에 내몰린다. 노동자들이 일제히 파업에 나서자, 정부는 이들을 달래기 위해 어쩔 수 없이 다소 친노동적 입장을 취해야 하는 입장에 놓인 것이다. 이러한 행보의 정점은 6월 민주항쟁의 결과로 나온 대통령 직선제를 주요 골자로 하는 헌법 제정 과정에서, 최근 '김종인 조항'으로 불리는 119조 2항, "국가는 균형 있는 국민경제의 성장 및 안정과 적정한 소득의 분배를 유지하고, 시장의 지배와 경제력의 남용을 방지하며, 경제주체 간의 조화를 통한 경제의 민주화를 위하여 경제에 관한 규제와 조정을 할 수 있다"는 내용의 삽입이었다.

이는 재계 입장에서 도저히 받아들일 수 없는 결과였을 것이다. 결국 재계는 '정치자금 양성화' 등의 협박성 발언을 통해 정치인의 목줄을 잡아 죄려고 했다. 이는 곧 말을 듣지 않으면 정치자금도 내지 않겠다는 것이나 다름없었다. 덕분에 당시 여당이던 민주정의당이 정부의 경제정책에 반발해 즉각적인 단기부양책을 주문하는 상황에 이르자, 경제부총리를 맡고 있던 조순이 사퇴하면서 안정화론자들은 일선에서 물러나게 된다.

그러나 이들은 여기에 만족하지 않고 이상득, 정몽준 등 재계 인사들의 국회 진출을 시작으로 자체적인 정치세력화를 모색하기까지 하는데, 이는 1992년 대선에 재계의 리더 격이었던 정주영이 출마하는 상황으로 이어졌고, 결국 선거에서 패배하고 만다. 하지만 결코 무시할 수 없는 표를 얻었다는 점에서, 정계에 대한 재계의 영향력은 이미 과거와 같은 수준을 뛰어넘었다는 것을 증명했다고 볼 수 있다.

이후 김영삼 정권하에서의 재벌은 더욱 자신감을 갖고 노골적으로 정부 정책에 대한 개입 의지를 불태웠는데, 재벌의 막무가내식 개입과 김영삼 정권 자체의 무능은 경제정책을 최악의 상황으로 몰고 갔다. 잘 알다시피 1997년 외환위기가 발발하자 재벌과 정권이 모두 한순간에 무너지는 끔찍한 일이 일어난다. 이후 김대중은 외환위기를 수습하고자 전면적인 신자유주의 개혁 조치를 취하는데, 그의 대통령 취임사에는 당시 상황에 대한 비판이 잘 나타나 있다.

올 한 해 동안 물가는 오르고, 실업은 늘어날 것입니다. 소득은 떨어지고, 기업의 도산은 속출할 것입니다. 우리 모두는 지금 땀과 눈물을 요구받고 있습니다. 도대체 우리가 어찌해서 이렇게 되었는지 냉정하게 돌이켜봐야 합니다. 정치, 경제, 금융을 이끌어온 지도자들이 정경유착과 관치금융에 물들지 않았던들 그리고 대기업들이 경쟁력 없는 기업들을 문어발처럼 거느리지 않았던들, 이러한 불행한 일은 일어나지 않았을 것입니다.

외환위기와 관치금융

외환위기가 닥치자 한국 경제는 큰 혼란에 빠졌다. 하지만 신자유주의자들 입장에서는 자신들이 그토록 실행하고 싶었으나 번번이 대통령, 정치인, 재계 인사 등에 밀려 하지 못했던 신자유주의적 개혁 조치를 시행할 좋은 기회였다. 따라서 이들은 한국 경제에 대대적인 구조조정이 필요하다는 점을 역설하며 정책에 개입하기 시작했다.

이중 우리가 눈여겨볼 필요가 있는 것은 부실 금융기관에 대한 정리 방법이다. 세세한 부분을 다루면 다소 복잡한 내용이 되겠지만 최대한 쉽게 설명해보면 다음과 같다.

많은 사람이 외환위기의 원인에 대한 진단을 제각기 제시했는데 그중에는 '관치금융'에 대한 비판도 있었다. 이는

IMF가 지적한 사항이기도 하고 앞서 언급한 김대중의 취임사에도 등장했던 것이다. 쉽게 설명하자면, 은행이 시장 원리에 따라 공정하게 돈을 꿔주지 않고 정부의 입김에 따라 쉽게 돈을 꿔줬기 때문에 기업의 방만한 재정 운용이 가능했다는 것, 그리고 거품이 꺼져 기업이 도산하자 자금을 회수하지 못한 금융권도 위기에 몰리는 악순환이 벌어졌다는 것이다. 바로 여기서 관치금융은 악이라는 도식이 생겨났다.

때문에 당장 부실화된 은행을 국가가 인수하는 것은 필요한 조치이긴 하나, 되도록이면 빨리 시장에 재매각하는 것이 원칙적으로 옳은 결정이라고 누구나 생각할 수 있는 상황이었다는 것이다. 국가가 부실화된 은행을 인수하는 것이 외환위기를 수습하는 과정에서는 쉬운 일일 수 있다. 하지만 은행을 시장의 누구에게 다시 매각한단 말인가? 금산분리 원칙에 따라 산업자본은 은행을 소유할 수 없게 하였으므로 오로지 금융자본만이 은행을 소유할 수 있는데, 국내의 금융자본은 그동안 정부 정책의 보조적인 역할을 소극적으로 담당할 뿐이었다. 그래서 자본력이 그다지 크지 않은 상태였다. 결국 부실화된 은행의 인수자를 찾기 위한 노력은 외국계 사모펀드가 인수 후보자의 리스트에 올라가는 상황으로 이어진다.

요즘 상황에서라면 은행을 사모펀드에 매각하는 것에 대해 여러 우려가 제기되었을 것이다. 사모펀드는 기본적으로 돈을 불리는 데 목적을 둘 뿐, 기업을 내실 있게 만든다거나 적절한 금융산업 전략을 수립하고 제안하는 등의 활동에는 당연히 관심이 없다. 오히려 단물만 빨아먹고 발을 빼지 않으면 다행이라고 해야 할 판이다.

하지만 당시에는 외환위기의 원인을 우리 경제가 우물 안 개구리처럼, 국내 논리만 따라 정책을 결정하느라 세계적 흐름을 몰랐던 것에서 찾았을 정도로, 한국은 국제적 상황에 무지한 상태였다. 심지어 IMF로부터 자금 조달을 받는 과정에서 경제부총리의 영어 실력이 도마 위에 오를 정도였으니 말 다했다. 그만큼 세계적 감각을 갖추지 못한 것에 대한 자책은 일반적인 차원이 되어 있었다. 따라서 외국계 사모펀드도 여기에 문제제기를 하기보다는 '글로벌 스탠더드'를 받아들일 준비가 되어 있었다고 말하는 편이 더 옳은 표현일 것이다.

최초의 부실 금융기관 매각은 제일은행에 대한 매각 협상을 처리하면서 시작되었다. 제일은행의 인수자로는 국내 금융자본, 외국 금융자본, 외국 사모펀드 등이 다양하게 고려되었으나 최종적으로 '뉴브릿지캐피털'이라는 외국계 사모펀드에 매각하는 쪽으로 협상이 진행되었고, 이는 국내 금융기관을 사모펀드에 매각하는 최초의 사례로 기록되었다. 일부 경제 관료들은 이때의 결정을 두고두고 후회하는 언급을 하기도 했는데,[2] 어쨌든 이러한 선례는 그다음에도 부실 금융기관을 외국계 사모펀드에 매각할 수 있다는 주요한 근거로 작용했다.

그런데 여기서 문제는 '펀드'라는 도구의 성격일 것이다.

펀드는 남의 돈을 모아 투자하는 것이다. 즉, 해당 펀드의 투자자가 누구냐에 따라 돈을 버는 사람이 달라지는 것이다. 그렇다면 이런 가정을 한번 해보자. 부실 금융기관을 외국계 사모펀드에 넘긴다는 정보를 누구보다 빨리 입수할 수 있는 위치에 있는 사람이라면, 매우 자연스럽게 그 펀드에 자신의 자금을 예치해야겠다는 생각을 하지 않을까?

항간에 떠도는 '검은머리 외국인'에 대한 소문은 이러한 추측으로 인해 등장했다. 즉, 은행의 매각을 미리 알고 외국계 사모펀드에 외국인인 척 투자한 사람이 있을 것이라는 의심이다. 만일 이런 사람이 정책 결정의 과정에 개입할 수 있다면 자신이 투자한 사모펀드가 부실 은행의 인수자가 되도록 수단과 방법을 가리지 않을 것이라는 점은 누구나 상상할 수 있다.

화제가 된 '론스타'와 '외환은행' 문제가 대표적이다. 2003년에 사모펀드인 론스타 펀드에 매각된 외환은행은 그동안 '먹튀' 논란에 휩싸이며 내홍을 앓아오다 하나금융지주에 인수되는 방향으로 사태가 정리되었다. 하지만 이에 대해 노조와 야권의 주요 정치 세력은 이 계약으로 론스타가 부당하게 얻은 이득을 '징벌적 매각'으로 무효화해야 한다고 주장했다. 물론 이것은 하나금융지주와 맺은 매각 계약 자체가 무효라는 것이나 다름없는 이야기다.

이러한 생각은 '정의'라는 관점에서 보면 분명히 옳은 주장일 수 있다. 그런데 왜 이런 당연한 생각을 금융정책을 담당하는 경제 관료들은 떠올리지 못하고 국민 의사에 반하는 강제 매각을 추진했던 것일까? 이것을 설명할 수 있는 첫 번째 방식은 앞서 언급한 검은머리 외국인이 바로 이 정책을 담당하는 경제 관료라는 것이다. 이러한 설명은 '경제 관료가 나쁜 놈이기 때문!'이라는 문장으로 요약할 수 있다. 물론 이러한 가능성은 언제든지 열려 있는데, 이 글의 앞머리에서도 언급했다시피 우파와 우리가 서 있는 정치적 지형을 올바로 파악하기 위해서는, 이들의 행동을 최대한 선의로 해석하려는 노력이 필요하다고 할 수 있다.

여기에 맞는 맥락으로 설명할 수 있는 두 번째 방식은 제일은행의 사례에서부터 잘못되었던 결정을 바로잡고 싶은 관료들의 욕망이 작용했다고 보는 것이다. 하나금융의 외환은행 인수를 외국계 사모펀드에서 국내 금융자본으로 외환은행을 다시 데리고 오는 작업으로 생각할 수 있다는 점을 고려하면, 이러한 설명도 가능해진다. 정부가 론스타에 징벌적 매각을 명령하면 이 계약은 무효가 될 가능성이 커진다. 그렇게 되면 경제 관료들 입장에서는 누가, 어떤 정권의, 어떤 금융자본이 외환은행을 다시 찾아올 수 있을지 장담할 수 없는 상황이 된다고도 볼 수 있다.

이렇게 가정하면 자신들이 정권을 잡았을 때, 사모펀드에 은행을 매각하고 이제 와서 '론스타 청문회'를 공언하는 민주·평화·개혁 세력의 처지가 우스운 것이 될 수 있다. 물론 앞서 설명했듯이, 우리는 우파의 행위를 최대한 선의에 입각해서 해석하기로 한 것이기 때문에 이렇게 어색한 처지에 놓이기도 하는 것일 테다. 하지만 여기서 한발 더 나아가 생각해보면, 우리가 우파 대 반우파의 구도를 설정할 때 간과했던 어떤 퍼즐 조각을 찾을 수 있을지도 모른다는 생각이 든다.

이명박 정부의 경제정책에 대한 논란

보통 이명박 정부의 경제정책을 논하라고 하면 몇 가지 키워드를 제시하고 이를 비판하는 경우가 많은데, 그중 '고환율 정책'에 대한 비판이 특히 거센 것 같다. 정부가 인위적으로 환율에 개입하여 원화의 평가절하를 통해 수출을 많이 하는 대기업에 사실상의 혜택을 주고 인플레이션 압력을 방치하여, 서민들의 생활에는 고통을 안겼다는 것이다. 이에 대한 대안으로 환율은 시장에 맡겨야 하고 금리 인상을 실행해야 한다는 주장이 대두되었다.

그런데 이러한 두 주장의 대립은 과거에도 비슷한 양상으로 벌어졌던 것 같은 데자뷰를 불러일으킨다. 이 갈등의 연원을 정확히 파악하기 위해서 경제 관료들 사이에 존재하는 커다란 정책적 조류 두 가지를 잠시 되짚어볼 필요가 있다.

앞서 언급한 두 경제정책의 축을 기억할 것이다. 성장이냐, 안정이냐의 논란에 등장했던 두 흐름 말이다. 인위적인 경기부양을 통해 급격한 경제성장을 이뤄 선진국과 대등하게 겨룰 수 있어야 한다는 성장론자들과 시장 개입은 장기적으로 인플레이션 압력 등의 부작용을 불러오므로 당장의 작은 고통은 감내할 수밖에 없다는 안정론자들은 한국 경제 관료의 커다란 양대 파벌을 구성하며 경쟁했다.

박정희 정부에서 노태우 정부에 이르기까지 이들은 각기 재무부와 경제기획원에 포진하여 서로를 견제했다. 재무부는 실질적인 예산집행을 담당하는 기관이었고 경제기획원은 말 그대로 경제정책의 큰 그림을 기획하는 곳이었다. 양측 모두 장기적으로 신자유주의 개혁 조치가 필요하다는 점에는 공감하고 있었다. 다만 기관의 성격에 따른 차이 때문이었는지 경제기획원 측 인사들은 공세적인 신자유주의 개혁이 필요하다는 주장을 내세웠고, 재무부 인사들은 개혁을 보다 단계적으로 추진할 필요가 있다는 점을 강조했다.

특히 금리정책은 이들이 경쟁하던 시기의 '금융자율화'에 관한 논란과 밀접한 연관이 있다. 금융자율화를 강하게 주장했던 쪽은 경제기획원 측 인사들이었고, 재무부 인사들은 경제기획원 인사들의 생각에 반대 의사를 표했다. 이 논쟁의 핵심은 정부가 쓸 수 있는 정책 수단을 어디까지 인정할 것이냐에 대한 것이라고 할 수 있다. 이를테면 금리를 정부가 경제정책의 보조 수단으로 쓸 것인가, 아니면 시장의 조절 기능에 맡길 것인가 하는 것에 대한 논쟁이라는 이야기다. 금리에 대한 개입은 당시 정부 입장으로서는 쉽사리 포기할 수 있는 문제가 아니었다.

결국 계속 금융자율화에 반대하는 재무부를 무력화하기 위해 경제기획원 출신들이 재무부의 각종 요직에 발령되는 상황이 일어나기도 했는데, 세간에서는 이것을 '경제기획원의 재무부 점령 사건'으로 부를 정도였다. 결국 이렇게 추진된 금융자율화는 이후 '단자회사'의 무제한 설립으로 이어져, 1997년의 외환위기와 최근 문제가 된 저축은행 부실 문제 등을 낳는 원인이 되기도 했다.

환율과 금리를 둘러싼 갈등은 한국은행과 재무부 출신 경제 관료들과의 갈등에서도 나타난다. 금리와 환율에서 정부가 손을 뗄 때, 이것을 조절할 권한을 갖게 되는 유일한 존재는 한국은행이다. 한국은행의 정확한 위상은 정부 기관이 아니고 '무자본특수법인'이다. 즉, 한국은행이 독립적으로 환율과 금리에 대해 결정해야 한다는 주장과 정부가 환율과 금리에서 손을 떼야 한다는 주장은 현실적으로 완전히 같은 주장이다.

재무부 출신 경제 관료들은 여전히 환율과 금리는 경제정책의 수단으로 사용해야 하며 시장에 맡길 것이 아니라는 주장을 고수하고 있다. 특히 우리나라처럼 금융시장 개방의 정도가 크고 외부 충격에 취약한 국가가 환율과 금리를 포기한다는 것은 주권을 포기하는 것이나 다름없다는 게 이들의 주장이다.[3]

예를 들면 국제적 환투기 세력이 한국의 환시장을 목표로 삼았을 때는 어떻게 대처해야 하는가? 이들은 원화 가치가 낮은 수준일 때 원화를 대량으로 매입하고, 이를 통해 원화 가치가 오르면 한꺼번에 되파는 방식으로 환차익을 노리는 투기 집단이다. 이들이 원화를 매입할 때 원화 가치를 낮게 유지하려는 노력을 하지 않으면, 한국의 환시장은 혼돈의 도가니에 빠질 것이다.

경제정책에서 가장 중요한 것은 불확실성을 최대한 줄이는 것인데, 이러한 혼돈은 경제의 불확실성을 크게 증폭시켜, 결국 전체 경제에도 악영향을 끼치게 될 것이라는 게 이들의 논리다.

그러나 이에 대한 한국은행의 주장은 환율과 금리정책에서 가장 중요하게 생각해야 할 것은 물가 안정이며, 이를 위해 최선을 다하고 나머지에 대해서는 시장 원리에 맡기는 것이 이후에 더 큰 혼란을 방지할 수 있는 최선의 방식이라고 주장한다. 이러한 설명에서는 경제기획원 출신 경제 관료, 한국은행, 안정화론자들이 하나의 커다란 조류를 형성하고 있고, 재무부 출신의 경제 관료와 성장론자들이 또 하나의 커다란 조류를 형성하고 있다. 그리고 현재 정치권에서 한국은행의 가장 큰 우군은 민주·평화·개혁 세력이다.

이 구도에서 재미있게 검토할 만한 이명박 정부의 경제정책이 하나 더 있는데, 이른바 '메가뱅크'에 대한 것이다. 메가뱅크론論이란 투자은행의 기능을 갖춘 대형 금융기관을 양성해 국제적 규모의 선도적 투자를 가능하게 함으로써, 한국 금융산업의 성장을 촉진해야 한다는 주장이다. 이 주장을 이명박 정부 초대 기획재정부 장관이었던 강만수가 강하게 한 것으로 알려져 엄청난 비난을 받기도 했다. 정권 초기 구설수에 시달리다 잠시 수면 아래로 가라앉았던 이 구상은 강만수가 산업은행지주의 회장으로 가면서 다시 논란의 중심에 서게 된다.

메가뱅크론에 대한 비판으로 가장 많이 제기됐던 주장은 앞서 설명했던 관치금융론이었다. 즉, 정부가 인위적으로 커다란 금융기관을 만드는 것은 시장 원리에 대한 왜곡이며, 1997년 외환위기를 불러왔던 관치금융의 실패를 그대로 답습하는 것이라는 주장이다. 당시 민주당 원내대표였던 김진표는 이러한 주장을 선도적으로 제시하며 이명박 정부와 강만수 회장을 강도 높게 비난했다.

여기서 흥미로운 점은 오히려 산업은행을 민영화하여 메가뱅크로 육성한다는 구상은 민주당이 정권을 잡고 있던 참여정부 때 제시된 아이디어라는 것이다. 참여정부가 추진한 '동북아 금융허브 전략'에는 투자은행 설립과 파생상품 활성화, 연기금의 자산운용시장 투입, 사모펀드 적극 육성 등과 같은 구상이 담겨 있다.

이해를 돕기 위해 하나의 예를 더 들어보겠다. 엄청난 논란을 몰고 왔던 한미FTA는 이러한 맥락이 반영된 정책의 결정판이다. FTA를 추진하는 정책의 기본적인 구상은 물론 참여정부에서 만든 것이다. 어떤 사람들은 참여정부가 양극화를 심화시키고, 미국에 종속적인 경제체제를 만들기 위해 한미FTA를 추진했다고 생각하지만, 이것도 선의를 통해 보면 정책의 근저에 심오한(?) 철학이 존재했음을 알 수 있다.

참여정부가 추진한 FTA의 기본적인 구상은 이런 것이다. 한국은 선진국과 후발주자들의 사이에 끼어 성장이 정체되는 위기를 맞고 있는데, 이를 타개하기 위해 미국, 중국, 일본과 FTA를 맺고 동아시아에서 미국으로 향하는 무역의 거점으로

자리매김해서, 발달된 금융산업을 토대로 경제성장의 새로운
동력을 만들겠다는 것이다.

이명박 정부의 경제 관료들도 이러한 큰 그림에는 이의가
없었던지 한미FTA를 정부의 핵심 사업으로 추진하는 데, 한 점의
망설임이 없었다. 그러나 한미FTA 비준 당시 민주당의 태도는
자신들이 정권을 잡았을 때와는 사뭇 달랐다. 이들은 '이명박
정부의 한미FTA는 균형을 상실했다'며 한미FTA 비준 반대를
외쳤는데, 실제로 한미FTA와 관련한 정부의 큰 그림은 달라진 것이
없었는데도, 당시 민주당은 몇 가지 독소조항의 존재를 부각시키며
투쟁의 전면에 나서는 모습을 보여주었다.

우파의 불만

이런 생각을 한번 해보자. 혹시 우리가 쉽게 생각하고 있는 우파 대
반우파의 대결이라는 것은, 선과 악이라는 신화적 대결이라기보다
동일한 이념 위에서 국가 정책의 완급에 대한 의견이 다를 뿐인
어떤 분파들의 불화를 반영한 것에 불과하지 않을까?

민주·평화·개혁 세력이 이명박 정부의 경제정책을 비판하는
논리의 대부분은 경제기획원과 재무부의 대결을 연상케 하는
것이다. 이명박 정부의 물가정책을 비판하면서 국가의 개입을
배제하는 시장의 원리를 강조하는 것, 재벌 해체를 통해 시장의
공정한 경쟁 질서를 회복하자는 것, 한국은행의 독립성을 보장하여

금리와 환율정책에서 손을 떼자는 것, 관치금융이 시장 원리를 훼손해 더 큰 재앙을 가져올 것이라고 주장하는 것이 그렇다.

실제로 민주당에는 경제기획원 출신이거나 재무부에서 비주류였던 관료 출신의 의원들이 있고 이들이 중요한 역할을 담당하고 있다. 이들은 박정희 모델로부터 이어진 국가 중심의 경제성장 모델을 비판하면서 대안으로 시장 중심의 경제성장 모델을 제시한다. 국가가 정책에서 중요한 역할을 하면 안 되고 정책의 신뢰성을 시장이 보증해야 한다는 것이다. 이 주장은 어떻게 보면 국가의 일정한 개입을 촉구하는 박정희의 후예들보다 더 신자유주의적이다.

그런데 오늘날의 민주·평화·개혁 세력은 정치 영역에서는 신자유주의 반대를 외친다. 도대체 어찌된 일인가? 이것은 이들이 이율배반적이고 비겁하며 늘 누군가를 속이려 하는 악행을 저지를 준비가 되어 있는 사람들이기 때문인가? 물론 그럴 수도 있지만 우리는 우파의 입장을 최대한 선의에 입각해서 해석해보고 있는 중이다. 그러므로 선의의 물음을 한번 던져보자. 왜 민주·평화·개혁 세력은 경제정책에서의 신자유주의를 포기하지 않는가? 아니, 왜 그들은 늘 입으로만 신자유주의를 포기하는가?

아마도 이것은 그들이 신자유주의냐 아니냐 하는 기준으로는 판단할 수 없는, 더 상위에 있는 어떤 숭고한 목표를 이념으로 갖고 있기 때문이지 않을까 하는 게 내 생각이다. 그 목표가 과연 뭘까? 혹시 그것은 글로벌 스탠더드인 신자유주의 시장 원리를 믿고,

이것을 충실히 실현하여 선진국을 따라잡는 것이 아닐까?

　　이것은 오로지 민주·평화·개혁 세력만 가질 수 있는 욕망이 아니다. 그들이 수구 기득권 세력이라고 비난하는 정부 여당도 똑같은 욕망을 갖고 있을 것이다. 지구상에는 수많은 국가가 있다. 이들 국가와 경쟁하여 우리가 우위를 점해 선진국의 위치에 올라 우리 국민을 잘 먹고 잘살게 하고, 선진국이 하는 것처럼 우리보다 못사는 국가에 경제적 침략을 시도하는 원대한 꿈은 한 국가를 지배했던 수많은 지도자가 가졌던, '우파의 욕망'이다.

　　여기서 나는 누군가를 옹호하거나 특별히 더 비난하기 위해 이러한 말을 하고 있는 것이 아니다. 우리는 우파의 욕망에 대해 알게 되었으므로, 이를 통해 당연히 우파의 불만에 대해서도 유추해볼 수 있을 것이다. 위에 서술한 내용의 욕망이 실재한다고 가정하면, 우파는 과연 어떠한 것들에 불만을 가지고 있을까?

　　세계적 경쟁에서 살아남기 위해서는 당연히 우리 내부가 잘 단결해야 하고, 그러려면 구성원들의 동질성을 최대한의 수준으로 확보해야 한다. 때문에 우파는 자신들이 생각하는 국가적 정체성에 맞지 않는 구성원들에 대한 불편을 호소할 수밖에 없는데, 이는 현실의 여러 맥락으로 나타난다. 그것은 우파 자신들의 정체성에 대한 보증으로 되돌아오기도 한다. 정치권에서 자신과 다른 정치 세력을 비난할 때 '너는 우리나라 사람이 아니다'(미국의 첩자이다, 일본에서 태어났다 등등)라는 형식을 즐겨 쓰는 것은 이러한 사례의 좋은 예다.

그런데 이러한 동질성에 대한 집착은 근대사회의 모든 정치적 기획에서 엿볼 수 있는 것이기도 하다. 따라서 우파의 불만은 그들이 상상하는, 경쟁에서 승리할 수 있는 근대적이고 표준적인 국가를 왜 만들 수 없는지에 집중될 수밖에 없을 것이다. 이러한 측면을 제대로 파악할 때 우리는 비로소 한국 정치의 진정한 이념적 지형을 지도로 그려낼 수 있게 되는 것이다.

김민하를
만나다

김민하는 2장에서 좌파와 우파, 진보와 보수를 가르는 사람들의 심리를
솔직하게 털어놓으면서 우파 대 반우파라는 구도의 허상을 꼬집는다.
그는 보수는 악, 진보는 선과 같은 구도를 섣불리 받아들이지 말고 일단
최대한 선의를 갖고 우파의 복잡한 동학을 역사적으로 정리해보자고
제안한다. 그랬을 때 오늘날 진보적 메시지를 마구 쏟아대고 있는 소위
민주·평화·개혁 세력과 우리가 쉽게 수구 보수라고 여기는 자들이 함께
만들어가는 공통 입장을 발견하게 된다. 세계적 기준에 부합하는 국가
형태의 완성 그리고 신자유주의적 질서의 수용. 그는 그들이 이러한
입장과 그 욕망으로 대중을 '낡고 있는' 지금 시기를 걱정한다. 이런 맥락
아래 쏟아지는 수많은 떡밥 중 가장 궁금한 경제민주화 이야기로 물꼬를
텄다(인터뷰어는 '글'로, 답변을 한 필자 김민하는 '민'으로 표기했다
—편집자 주).

경제민주화 vs 경제민주화

글: 요즘 경제민주화가 보수와 진보를 둘러싸고 주요
키워드로 떠올랐습니다. 민하씨 본인이 생각하기에 보수와
진보가 내건 경제민주화는 차별점이 있다고 보십니까. 아니면
이들은 경제민주화라는 기표 속에서 말장난을 하고 있는
것일까요? 새누리당의 이재오나 정몽준 의원이 내걸었던 공약
중 "공동체 시장경제"(이재오), "나눔의 성장"(정몽준) 같은 건
사실 당황스럽기까지 했습니다. 이 또한 근대적이고 표준적인
국가를 위한 우파의 전략이라 볼 수 있는 걸까요? 예전엔 한쪽이
짜장면이면 다른 쪽이 짬뽕이라는 느낌이 들었는데요, 이젠 어느
쪽이 더 맛난 짜장인지를 대중에게 판별해달라는 형국이 되어버린
듯합니다.

민: 97년 외환위기 이후 국가가 주도하는 형태의 경제체제가
사실상 파탄이 난 것으로 받아들여졌습니다. 그러면서 담론의
시장에서 소비되는 경제민주화라는 담론의 범위 자체가 제법
넓어진 듯합니다. 또, 최근 제기된 장하준 교수를 둘러싼 논쟁에서
볼 수 있듯이 지금까지 논의돼왔던 경제민주화를 위한 방법론들
사이에 근본적인 철학의 차이가 있었던 것도 사실입니다.
이를테면, 경제민주화 담론을 이해하는 데 있어서 분배의
정의가 제대로 관철되고 있지 않아서, 혹은 경제체제 자체를
기득권이 독점한 것이 문제라고 보는 시각이 있는가 하면 경제가

정치에 종속되어서, 또는 경제체제에 투명성이 부족해서라는 시각이 있기도 하는 것이죠. 사람들이 흔히 경제민주화 담론을 얘기할 때 이런 시각들을 다 뒤섞어서 말합니다. 전자는 국가의 권한을 강화하자는 주장의 근거가 되는 것이고요, 후자는 시장 원리를 강화해야 한다는 주장으로 귀결되기 쉽죠.

최근 정치인들이 일제히 경제민주화 담론을 들고 나오는 것은 이러한 혼돈이 일종의 '민중적 요구'가 된 상황이기 때문이라고 봅니다. 민중적 요구는 늘 혼돈 그 자체로서 우리 앞에 출현했습니다. 여기에서 자신에게 유리한 부분을 찾아 포장하는 것이 정치인들이 하는 일 아니겠어요? 대선을 앞두고 있으니 정치인들이 나설 때가 된 것이겠죠.

즉, 이재오, 정몽준 등의 사례는 국가의 시대에서 시장의 시대로 이어졌던 97년 이후의 상황에서 다시 국가로 추가 기울고 있는 상황을 반영한 것이 아닌가 합니다. 물론 이러한 상황도 국제적인 상황을 고려하자면 일종의 글로벌 스탠더드라는 측면이 있는 것 같아요.

글: 민하씨는 오랫동안 진보정당에서 활동해왔습니다. 글에서 지목하신 민주·평화·개혁 세력이 진보정당의 구호를 자신들의 것으로 전유하는 과정은 어떻게 생각합니까.

민: 사실 이 과정이 전혀 새로운 것은 아닙니다. 정치사적으로

보자면 김대중 정부의 '생산적 복지' 정책을 언급해야겠죠.
분배에는 신경을 쓰되 이 분배가 성장과 생산이라는 측면을
간과해서는 안 된다는 입장이었습니다. 이런 맥락은 진보정당에
있는 저로선 일종의 '착시'라고 봤습니다. 다들 알다시피 생산적
복지는 자본주의적 가치가 지향하는 큰 틀 속에서 사람들의 분배를
챙기겠다는 것인데 이 점에 대해선 많은 논란이 있었습니다.
결국 생산적 복지는 근대적 표준국가라는 이상향에서 한 치도
벗어나지 못한 신자유주의 질서에 복속된 어설픈 절충안이었다고
생각합니다. 그런 점에서 진보정당은 늘 이 점을 경계해왔고요.
　　다만 대중에게 그러한 인식을 얼마만큼 어필했나 하는 측면은
좀 숙고해봐야 할 문제인 듯합니다.

김종인 그리고 우파의 마음

글: 박근혜 대선후보 이야길 좀 해보죠. 아니 정확히 말하자면
박근혜보다 더 궁금한 김종인 선대위원장에 대해 이야길 해보고
싶습니다. 김종인이 한 라디오 방송에서 '통합진보당 사태와
새누리당의 대응'에 관해 이런 말을 했다고 합니다. "GDP 2만 불이
넘는 나라가 그런 문제(통합진보당 사태에서 불거진 색깔론)를 가지고
흔들리거나 그럴 리 없다"[4]라고요. 이 대목에서 실소를 금할 수
없었는데요. 민하씨가 짚었던 관점에서 해석해보자면 김종인에게
색깔론을 극복하는 것은 글로벌 체제하에서 GDP 2만 불을 넘게

달성할 수 있는 국가로서의 위상을 의미하는 것이겠죠? 그런데 이것을 마냥 가벼이 실언으로 볼 수는 없겠더라고요. 이게 민하씨가 지목한 우파의 현 상태인 걸까요? 아울러 이런 시선이 비단 김종인만의 것이라곤 볼 수도 없을 듯합니다. 민주통합당에서도 비슷한 사고로 정치적 사안을 바라보진 않았을까요?

민: 김종인의 이런 시선이 근대적이고 표준적인 국가를 향한 우파의 노력을 보여주는 단적인 예라고 생각해요. 김종인은 박정희 시대를 거쳐 글로벌 스탠더드를 향한 우파의 욕망에 정면으로 자신의 삶을 맡겨온 사람 중 하나였습니다. 그에게는 5년 뒤 국가의 GDP 수치를 일정 정도 상향시키는 것이 삶의 목표였던 시절에 대한 기억이 있을 것입니다. 국가가 하나의 이상을 공유하는 유기적 집단이라고 사고하는 것이죠. 그리고 이것은 오늘날 형성된 정치적 지형에서 잘 드러나는 것은 아니지만 말씀하신 대로 민주통합당에서 국가를 통치해본 경험을 공유하는 거의 모든 사람이 갖고 있는 생각이기도 할 것입니다.

아울러 김종인의 발언을 정확히 이해하기 위해서는 현재의 정치적 지형과 관련한 해석을 해볼 필요가 있어요. 김종인이 말하고 싶었던 건 아마 "색깔론은 과거에나 통했던 프레임으로 중도층의 지지를 잃을 수 있다"는 얘기였을 겁니다. 이제 그런 시대가 아니라는 것이죠. 여기서 '그런 시대'는 GDP 2만 불에 미달하는 시대였고, 이제 GDP 2만 불 이상을 달성하는 '선진국'에 가까워진

시대에서는 색깔론이 안 먹힐 것이다, 그런 얘기를 하고 싶었을
겁니다.

안철수의 경제관

글: 안철수 교수 이야기를 해야 할 것 같습니다. 아직 구체적인
출마 의사를 밝히지 않은 상황에서 수많은 추측과 해석이 난무하고
있습니다. 그중 안철수의 발언이 좀 아쉬운 건 사뭇 '원론적'인
경제관이라고 할까요. 그에게 거는 기대 혹은 그가 표방하는 것이
'경제정의'라고 생각합니다. 그러나 이 속에서 다뤄지고 있는
안철수의 모습은 뭐랄까요, 일종의 '모범생 마인드'에서 출발해
이런 어려운 수학 문제는 이렇게 풀면 될 거야, 같은 느낌이라고
할까요.

민: 사람들이 안철수에 대해 얘기할 때 "경제관은 진보,
안보관은 보수"라고 하는데, 과연 그런지 의문스러워요. 서울시장
보궐선거에서 한 발언들을 돌아보면 그런 의문은 더욱 커집니다.
안철수가 서울시장 보궐선거에 출마할 듯한 행보를 했을 때 그가
했던 거의 유일한 정책적 발언은 "스마트폰 앱을 개발해 비어 있는
주차장을 바로 파악할 수 있도록 하겠다"는 것이었습니다. 물론
이전 과정에서 대기업 비판을 한 일도 있기는 합니다. 그러나 아마
그것은 벤처 기업을 운영해봤던 본인의 경험에서 나오는 단편적인

성격의 것에 지나지 않을 거예요. 경제체제에 대한 자신의 생각을
종합적으로 이야기한 일은 없었습니다.

오히려 안철수는 근대적이고 표준적인 국가를 다른 사람들과
차별되게 보다 '착한 방법'을 통해 만들어보겠다고 이야기하는
것은 아닐까 생각해봅니다. 그리고 아마 사람들이 표출하는
민중적 요구도 여기에서 크게 벗어나진 않으리라 여겨집니다.
따라서 안철수 정부가 생겨난다고 해도 좀 더 착하게 보일 수 있는
경제정책을 선호할 가능성이 크지만, 결국 근본적인 차원에서
우파의 일반적 비전이란 틀에선 크게 벗어나지 않을 것이라
판단합니다.

경제계는 정치에 복속된 주체일 뿐인가

글: 여전히 오늘날 한국 정치의 현실 분석엔 정치계가 갑이고
기업을 위시한 경제계는 을로 느껴집니다. 정치계의 영리함과
묘수에 대해 경제계는 그것에 반발/환호라는 수동적 구도로
언론에 조명되는 것 같단 말이죠. 그런데 현실은 다르지 않은가요.
경제인의 '정치 셈법'도 상당히 고단수라 생각합니다. 민하씨가
주목하는 경제계(예를 들어 대기업)의 숨은 꼼수는 없나요, 아니면
현실상 여전히 경제계는 정치에 복속된 주체일까요.

민: 오늘날 소위 기업과 경제인들이 갖는 사회적 위상은

과거에 비할 바가 아닌 건 분명합니다. 그러나 여전히 저는 국가의 힘이 우위에 있다고 보는 입장이에요. 체제를 조정할 권한을 가진 것은 결국 국가이고, 현실에서 경제는 체제의 일부로 기능하기 때문입니다.

글에서도 밝혔듯이, 실제로 경제인들은 국가 주도의 경제체제에서 자신들의 목소리를 관철하기 위해 많은 노력을 했습니다. 처음에는 로비를 통한 정치자금 제공 등의 수단으로, 이후에는 직접적인 의회 진출을 통해 이러한 시도를 되풀이해왔죠. 이명박 대통령의 탄생은 이 시도의 결말을 보여주는 것인데요. 대통령 본인도 그렇지만 특히 형인 이상득 의원이 가진 여러 경제 인맥에도 불구하고, 정부가 '동반성장' 등의 국가 주도적 성향을 보여줬다는 것은 결국 앞서 말한 기업에 대한 국가의 우위라는 측면을 잘 보여주고 있다고 생각합니다.

물론 그렇다고 해서 기업인들이 국가에 따라 수동적으로만 움직이고 있다는 것은 아닙니다. 여전히 국가는 기업 활동이 활발하게 이루어지도록 하는 데 많은 노력을 기울일 수밖에 없는 처지죠. 우파는 기업 활동이 일자리의 창출로 이어지고, 이것이 국민 생활의 안정을 도모한다고 생각하기 때문입니다. 때문에 기업 입장에서 보다 많은 이윤을 창출하기 위해 값싼 노동력의 수급이 용이한 중국에 공장을 만든다든지 하는 방법을 충분히 사용할 수 있는데, 뒤집어 말하면 이것 자체가 국가에 대한 유용한 협상 도구가 되기도 한다는 것이죠.

진보언론은 경제 분석에 능숙한가

글: 예전에 한 언론에서 "실력도 여건도 부족한 진보언론……
경제면은 계륵?"[5]이란 기사를 본 적이 있습니다. 개인적으로
경제적 사안이 정치와 연관되는 것은 당연한 문제지만, 지나치게
정치적 의도를 찾아내고자 하는 태도가 때론 '음모론' 정도로만
소비되고, 더 체계적인 분석안으로 나아가지 못한다는 느낌도
받았는데요. 진보언론을 비롯해 진보진영에 있는 사람들이 갖는
경제 분석안에 대해 어떤 생각을 갖고 있나요?

민: 보수언론의 경제 기사는 그러한 측면을 잘 짚고 있는지
물어볼 필요가 있어요. 사실 국내 언론이 경제 기사를 중요하게
다루는 이유는 경제 기사 속 정보가 투자의 근거가 되기 때문이죠.
다시 말하자면 주식 투자자들이 보수언론 경제 기사의 주요한
수요자들일 수밖에 없다는 것입니다.

그러나 진보언론은 주식 투자자들의 수요나 입맛에 맞추려고
하지는 않을 것입니다. 진보언론의 주된 수요층 역시 주식 투자에
대한 정보를 얻으려고 하는 사람들은 아닐 테죠. 때문에 진보언론은
상대적으로 보수언론만큼 경제면에 신경을 써야 할 요인 자체가
별로 없다고 말할 수 있을 것입니다.

진보진영 전체에서도 마찬가지의 문제인데요. 경제 분석을
할 줄 아는 사람이 없는 것은 아닙니다. 다만, 진보진영 내에서
그것이 중요한 담론의 하나로 여겨지고 있지 않을 뿐입니다. 이것은

진보언론의 문제와 비슷한 차원이면서도 약간 다른 성격을 지니는
문제이기도 한데요. 더 정확히 말하자면 일단 정치라는 측면에서
경제체제의 문제는 결국 국가의 통치라는 관점에서 생각할 수밖에
없는 것입니다. 진보진영의 주요 지지자들은 국가 통치에 대한
식견을 가질 필요가 없는 정치적 상황에 오랫동안 노출되어 있었던
터라, 이 논리대로라면 경제체제에 관한 담론에도 익숙하지 않은
것이라고 풀이할 수 있을 것 같습니다.

젊은 논객과 경제 문제

글: '정치평론계'의 새로운 구도 아래 민하씨를 비롯한 새로운
인물들이 등장하고 있지만, 경제 문제에 자세한 근거를 둔 시선은
아쉽게도 볼 수 없었던 것 같습니다. 그래서 2장의 내용을 통해
남다른 인상을 받았는지 모릅니다. 경제 문제에 대한 정통 분석으로
오늘날 한국 사회를 바라보는 시선이 부족한 것은 세대 문제와도
연결될 수 있을까요? 가령 경제나 역사에 취약하다는 편견이
현실인. 경제적 사안이 정치적인 것과 동떨어질 수 없다는 건 앞서
이야길 나눴지만, 정치적인 것의 강조와 두터운 서술이 때론 경제적
사안을 더 명료하게 보는 법을 가리고 있다는 느낌을 받을 때가
있습니다. 민하씨는 그런 점을 일찍 간파하고 자신만의 위치를
만들어나가야겠다는 지점에서 트위터 등을 통해 경제 사안을 늘
챙기는 것인지 궁금합니다.

민: 사실 저를 비롯해 각종 저널에서 활동하고 책을 쓰는 젊은 논객들은 대개 저와 비슷한 수준, 또는 저보다 훨씬 나은 경제 문제에 관한 식견을 갖고 있습니다. 다만 그들이 경제적 사안에 대해 언급하기를 바라는 사람이 별로 없고, 어쩌다가 그들의 전문적 식견을 드러낼 기회가 오더라도 사람이 그것에 관심을 집중하지 않을 뿐이라는 걸 분명히 해두고 싶네요.

오히려 경제 문제에 대한 명확한 언급을 하기 싫어하는 가장 대표적인 세대는 386세대입니다. 아마 그들 자신이 외쳤던 정치적 구호들, 의회에서 혹은 삶에서 할 수밖에 없었던 경제적 선택들이 상충되는 측면이 있었기 때문이 아닐까 막연히 생각해봅니다. 왕년에는 학생운동을 열심히 하기도 했지만 지금은 어느 정도 돈을 벌고 주식 투자 등을 통해 손해를 보기도 했다는 식의 회고는 주위에서 쉽게 접할 수 있는 것 아닌가요?

그런 측면에서 볼 때 저는 이전 세대들이 87년으로부터 이어진 정치적 구호를 통해 뭉개버렸던 경제체제의 문제를 더욱 명확히 드러내는 것이 필요하다고 봅니다. 그리고 이것은 우리 세대의 새로운 진보적 담론을 만드는 데 기여하는 방법 중 하나가 아닐까 하는 생각합니다.

김민하. 필명 이상한 모자. 정치비평가. 저서로 『안철수 밀어서 잠금해제』(공저), 『레닌을 사랑한 오타쿠』가 있으며, 팟캐스트 시사방송 <야채인간의 야채라디오> 진행자로 활동 중. @weird_hat

기독교 우파와
신新귀족주의

김진호

한국 기독교 우파, 그 내부가 수상하다

2011년 소망교회에서 목사 간의 폭력 사태가 벌어졌다. 부목사가
담임목사를 폭행한 것이다. 시시비비를 떠나, 교회에서 부교역자가
담임교역자에게 폭력을 사용하는 것은 교계의 일반 상식에 비춰
좀처럼 일어나기 어려운 일이다. 교회에서 일어났던 숱한 폭력
가운데 이런 일은 거의 없었다. 담임교역자와 부교역자의 권위는
하늘과 땅의 관계라고 할 만큼 격차가 크다. 행여 담임교역자에게
심각한 문제가 있더라도, 그에게 폭력을 쓴 부교역자의 경력은
치명적이다. 그런 이를 채용할 교회는 없을 것이기 때문이다.
요컨대 가해자인 부교역자는 일종의 자살행위를 한 셈이다.
그럼에도 그런 일이 벌어졌다.

    교회 소식에 정통한 이들에게 문의해봤지만, 사건의 진상은

철저히 봉쇄되어 있었다. 더욱이 MBC「PD수첩」에서 이 소재를 취재하던 중 담당 PD가 타 부서로 이전 발령을 받았다고 하니, 이 사태는 단순히 힘 있는 교회가 자신의 치부를 숨기려고 하는 차원을 넘어서 정권 차원의 보안 사안처럼 여겨지기도 한다. 아무튼 현재로서는 증거도 증인도 찾아볼 수 없고 소문만 무성하다. 갈등 당사자인 두 목사를 각각 잘 아는 사람들은 "절대로 그럴 사람이 아닌데……"라며 고개를 갸우뚱거린다.

절대로 그럴 법하지 않은 사람들이 냉정을 잃어버리는 일이 발생했다면, 이 폭력 사태는 정상적인 판단력이 마비된, 극한적 상황에서 벌어진 우발적 사태일 수 있겠다. 그런데 시선을 두 사람의 사적인 분노 조절의 문제를 넘어서, 구조적 차원으로 돌리면 의외의 논점을 해석하는 실마리가 될 수 있다.

세간에 알려져 있듯이, 현 담임목사와 전 담임목사(원로목사) 간의 갈등에서 이 사건이 비롯되었음은 분명한 것 같다. 한국 교회에서 전·현직 목사 간의 갈등이 문제를 낳는 것은 흔히 있는 일이다. 더욱이 전 담임목사가 원로목사인 경우는 더더욱 그러하다. 한데 바로 이 흔한 일이 소망교회에서 일어났을 때, 그것은 더 이상 평범한 사실이 아니다. 왜냐하면 그 속에는 한국 기독교 우파의 형성과 분화 그리고 내적 갈등에 관한 해석의 실마리가 담겼다고 볼 수 있기 때문이다. 이 글은 소망교회 폭력 사태를 실마리로 해서, 최근 한국 기독교 우파 내부의 변화를 해석하는 데 초점을 맞추었다.

대성장 그리고 메가처치의 탄생

먼저 한국 교회가 폭발적인 양적 성장을 구가하던 시기의
이야기부터 시작하자. 1965~1990년 사이에 한국 개신교의 교인
증가율은 5년 단위로 계산할 때 20~40퍼센트나 되었고, 특히
1966~1970년에는 무려 252.8퍼센트나 증가하는 놀라운 기록을
보여준다. 이러한 양적 팽창은 대도시, 특히 서울에서 압도적으로
나타났는데, 정부 주도의 산업화 과정에서 발생한 이농민을
대대적으로 흡수하고, 군선교의 특혜와 (빌리 그레이엄 전도
집회로 대표되는) 대규모 선교 대회 등으로 많은 개종자가 교회로
유입됨으로써 가능했다.

　여기서 주목할 것은, 세계에서 유례를 찾아볼 수 없는
이러한 가파른 성장 과정에서 한국판 '메가처치mega-churches'가
탄생하여 그 현상을 주도했다는 점이다. 메가처치란 1970년대
이후 미국에서 일어난 새로운 대부흥 현상[1]을 설명하면서 나온
개념으로, 소비자본주의적 테크놀로지를 적극 활용하여 '신앙의
시장화'를 극대화시킴으로써 단기간에 급성장한 교회,[2] 매주
주일예배의 참석자가 2000명 이상 되는 교회를 지칭하는 용어다.
이런 창의적인 성공을 이끌어내는 결정적인 주역은 담임목회자의
카리스마적 리더십이다. 그들의 개성 넘치는 목회 방식은 교인들의
종교 제도에 대한 높은 충성도를 불러일으키는 데 성공함으로써,
교회가 추구하는 선교 마케팅을 효과적으로 수행하는 열렬한
행동가를 양산한다. 한데 미국의 메가처치에 관한 논의에서

간과해서 안 되는 또 하나의 사실은 교세의 성장이 전반적인 현상이 아니라 소수의 급성장한 교회, 즉 메가처치로 부상한 교회들에 편중되었다는 점이다. 그리하여 메가처치의 등장은 규모의 측면에서 교회 간 격차가 더욱 심화되는 현상과 맞물린다.

　　한국에서도 대부흥기에 교세의 전반적인 증가가 있기는 했어도, 대형 교회 몇몇이 성장을 주도했다. 이 시기에 수많은 작은 교회가 설립되었지만, 재정적 자립에 성공하지 못한 '미자립 교회'의 비율이 전체의 70~80퍼센트에 이르며, 무엇보다도 대부분의 교회가 작은 교회라는 주체와 그에 걸맞은 형식과 내용을 추구하지 못하고 대형 교회가 되는 허망한 꿈만 좇는다. 하여 대형 교회를 선망하며 그 신앙의 내용과 형식을 단순 모방하는 데 치우쳐 있다. 그런 점에서 한국의 거의 모든 교회는 규모에 관계없이 대형 교회였다고 해도 과언이 아니다. 반면 진짜 대형 교회는 놀라운 양적 성장을 이루며, 사실상 개신교 교인의 총량적 증가를 주도했다.[3]

　　또한 적어도 이 시기에 대개의 대형 교회는 아직 소비자본주의적 테크놀로지를 체험하지 못한 시기였음에도,[4] 기술만능주의를 신앙화하고, 나아가 신앙을 시장화함으로써 폭발적인 양적 성장을 이뤘다. 그런 점에서 이 시기에 태동한 한국의 대형 교회는 미국의 메가처치와 닮았다. 무엇보다도 빠른 성장 속도, 담임목사의 카리스마적 리더십이란 측면에서 메가처치의 특성을 고스란히 갖고 있다.

한국판 메가처치가 가장 열광적으로 추구한 가치는 '성공'이다.
조용기의 '삼박자 구원론'은 바로 그러한 성공지상주의의
결정판이다. 세계의 국지전 가운데 인적·사회적 자원을 밑바닥까지
모조리 붕괴시켜버린 가장 치명적인 전쟁을 치른 뒤, 한국인들에게
제일 먼저 닥쳐온 것은 몸과 영혼의 고통이었다. 이런 상황에서
삶이 밑바닥까지 거덜난 많은 사람이 나운몽이 이끄는 기도원
부흥회로 몰려왔다. 여기서 그의 격정적인 예배의 하이라이트는
병 치료였다. 그의 기도원 운동은 명상과 침묵기도와는 다른,
몸과 영혼의 바닥까지 드러낼 정도로 광기를 뿜어내는 한국적인
부흥회의 효시가 되었다. 주류 교회들이 이단시하는 시선에도
불구하고 나운몽의 기도원 부흥회는 대중에 선풍적인 열광을
불러일으켰고, 그의 길을 따르는 많은 부흥사가 등장했다.

조용기도 바로 그런 사람 중 하나다. 하지만 그가 직면한
대중의 상흔은 전후에 발생한 것이 아니라, 군사정권을 통해
강력하게 추진된 산업화 때문에 빚어진 고통과 관련된다. 국가는
빠른 산업화를 위해 광범위한 이농 현상을 촉발시켰지만, 이농민은
국가의 총량적 성장을 위한 도구이고 희생물일 뿐이었다. 국가의
보호 없이 방치된 채 성장의 소모품이 되어버린 사람들은 숱한
질병에 시달렸다. 산업재해와 영양실조, 방역의 미비로 인한 질병,
만연한 폭력 등으로 혹독한 일터와 척박한 무허가 판자촌 등의
낯선 공간에서 그들의 몸과 영혼이 병들어버린 것이다. 부흥사
조용기의 예배는 바로 이들의 몸과 영혼을 옭아매는 악령의 사슬을

풀어주는 구마 의식이었다. 조용기와 그의 장모인 최자실이 이끄는 부흥회에서는 숱한 병 치료의 기적이 일어난 것이다. 나운몽이 그랬듯이 조용기도 병 치료를 신이 우리와 함께하고 있다는 가장 결정적인 징표라고 주장했다.

이 시기는 사회적으로 전후의 트라우마가 성장을 위한 전 사회적인 열정으로 전화되어 불타올랐다. 국가는 성장의 결과에 대한 판타지를 국민에게 각인시킴으로써 성장을 위한 사회적 총동원 체제를 가능하게 했다. 사회는 빠르게 성장에 몰입되고 있었다. 바로 이 시기에 조용기도 신앙을 성장 담론과 밀착시킴으로써 대부흥의 고속엔진을 장착했다. 그것은 곧 자기와 가족 그리고 교회가 부자가 될 수 있다는 열망이었다. 이것 역시 신의 결정적인 축복의 징표로 여겨졌다. 이렇게 건강, 재산, 영혼의 구원이 한 묶음으로 선사된다는 것이 조용기의 저 유명한 삼박자 구원론이다.

한편 이 시기에는 이농자들 외에 다른 많은 사람, 특히 도시의 중산층 혹은 중산층이라는 자의식을 가진 이들이 교회로 유입되었다는 사실도 주목할 필요가 있다. 여기서 중요한 것은 빌리 그레이엄 등이 주도한 대형 부흥회다. 조용기가 나운몽의 계보를 잇는 한국식 부흥사의 상징이었다면, 빌리 그레이엄은 동시대 미국을 대표하는 부흥사였다. 조용기의 부흥회가 사람들의 몸속에 잔류하고 있던 생명의 기운을 밑바닥까지 온통 들추어냄으로써, 질병을 치유하는 동력을 생성시키는 집회였다면, 빌리 그레이엄의

부흥회는 상대적으로 차분하고 절제된 찬송과 강연을 통해 감각의
공명을 불러일으킴으로써, 대중에게 신앙 공동체의 일원이 되도록
초대한다. 여기서 주목할 것은 집회 형식이다.

당시로서는 흔치 않던 총천연색의 세련된 포스터가 거의
1년 내내 도시 곳곳에 뿌려지는 등 사전 홍보가 대대적으로
이루어졌다. 기타와 전자악기가 동원된 팝송풍의 복음성가는
감정을 폭발적으로 분출시키기보다는 다소 절제되어 음미할 수
있는 음악으로 대중의 마음에 조금씩 다가간다. 이것은 교회에서
찬송가를 부를 때와는 다른, 모던한 감각과 신앙이 결합된 느낌으로
사람들을 초대한다. 경음악단의 여러 악기가 진하게 배경을 깔면서
몸속 내면의 감정을 다 쏟아내듯 부르는 일본식 가요풍의 노래보다,
통기타 하나와 흥얼대듯 읊조리는 절제된 미국식 포크송풍의
노래가 새로운 청년 문화로 열렬하게 확산되던 바로 그때, 빌리
그레이엄 부흥회의 복음성가는 젊은 대중을 일종의 모던한
체험으로 초대하고 있었다.

그리고 부흥사의 강연이 이어진다. 영어다. 물론 통역자가
있기는 하지만, 사람들은 번역된 말에 앞서 영어로 그 소리를
듣는다. 세계에서 가장 부강한 나라, 기독교 복음이 그것을
가능하게 했다는 나라의 말로 설교를 듣는다. 사람들은 마치 예수가
애초부터 영어로 말했을 것 같은 느낌으로 그 집회의 분위기에
자신의 선망을 섞는다.

이제 클라이맥스. 부흥사는 사람들을 눈 감게 하고, 신이

당신을 사랑한다고 속삭이며, 신의 초청에 응하라고 설득한다.
먼저 손을 들게 하고, 자리에서 일어서게 한다. 그 사이에 노래가
들어가고, 가벼운 율동에 참여하도록 이끈다. 그리고 마지막으로
앞으로 나오도록 한다.

이 과정은 천국의 백성이 되는 초대라기보다는 미국 시민이
되는 초대처럼 느껴진다. 아니 그 둘은 사실상 혼용되어 있다. 미국
같은 부유한 나라가 되고픈 꿈, 그 나라의 일원이 되고픈 꿈, 이것이
개종이란 행위와 결합되도록 기획된 집회였으며, 이로 인해 많은
중산층은 교회로 몰려들었다.

한국판 메가처치 탄생의 내력에 관해 한 가지 더
이야기하자면, 이른바 '강남 교회'의 탄생에 관한 것이다.
1966년부터 정부 주도로 시작된 강남권 개발사업이 엄청난
반향과 투기를 불러일으키면서 인구가 가파르게 증가한다. 특히
1969년 제3한강교한남대교가 개통되고, 이듬해 경부고속도로가
개통되었으며, 1972년 영동 신시가지지금의 서초구, 강남구 지역가
조성됨에 따라 이 지역의 인구는 1973년 인구 5만 명에서
1978년에는 네 배가 넘는 21만 명이 되었다. 더욱 놀라운 것은
지대의 상승인데, 압구정동 지역은 1963년에서 1979년 사이에
875배, 신사동은 1000배 상승했다는 점이다. 고로 이 지역
이주자들의 재산은 매우 빠른 속도로 증식했고, 타지역과의 격차는
현저하게 벌어졌다.

바로 이곳, 영동 지구 가운데서 가장 노른자위인 압구정−

신사동 지역으로 1978년 광림교회가 이주해 들어왔으며, 그 전해에 소망교회가 창립되었다. 이 두 교회는 대표적인 강남 교회로, 이 지역에 이주해온 중산층을 대거 흡수하는 데 성공함으로써 빠른 속도로 메가처치 대열에 들어섰다.

특히 이들 강남 교회는 전 교인에 걸쳐 비교적 고르게 중상위 계층이 분포되었고, 학력 수준도 전반적으로 높았으며 전문직 종사자도 매우 많았다. 성공에 대한 자의식이 가장 높은 이들로 채워진 교회였던 것이다. 즉, 이들의 신앙은 성공주의와 특권주의가 비상하게 결합된 양상을 띠었다.

성공주의와 독재자의 영성

이들 세 유형의 한국판 메가처치에서 공통된 것은 성공에 대한 꿈이 신앙과 일체되고 있다는 점이다. 성공은 신의 축복이며, 이를 위해 삶 전체를 투자하는 것은 기독교인의 당연한 과제였다. 이때 성공은 교회의 성공과 병행하는 것이거나 그 아래 단위의 것이어야 했다. '성공을 위한 총동원 체제'라는 삶의 태도는 당시 국가가 국민에게 주입하려 했던 심성의 핵심 내용이었다. 물론 여기서도 국가의 성공이 국민의 성공보다 선행한다. 교회와 국가는 이렇게 병행하는 성공관으로 서로를 보완하고 있었다.

순복음교회의 '새마음운동'이 바로 그렇다. 이는 낡은 것을 청산하고, 성공을 위해 매진할 수 있는 마음가짐에 관한 신앙운동이다. 얼마 뒤 그것은 국가 차원의 버전으로 번안된 '새마을운동'으로 나타났다.[5] 이렇게 성공을 위한 삶의 총동원 체제는 (국가의) 국민과 (교회의) 성도, 이 두 주체가 공유하는 자의식의 핵심이었다.

여기에 미국에서 수입된 번영신학Prosperity Theology의 효과가 덧붙여진다. 미국의 번영신학은 1960년대 후반, 소비사회로 한창 변모하던 대도시에서 백인 남성 중산층의 성공주의 신앙을 신학적으로 담론화한 것이다. 조용기는 1970년대 후반경 미국의 대표적인 메가처치 목회자인 크리스털교회Crystal Church의 목사 로버트 슐러Robert A. Schuller 등과 접촉하기 시작하는데, 조용기에게 슐러의 '적극적 사고'는 낡은 사고를 새것으로 대체하자는 새마음운동 슬로건의 구체적 심성이 무엇인지를 적시하고 있었다.

그런데 슐러의 적극적 사고를 수용한 조용기의 삼박자 구원 신앙은 중대한 변화를 수반한다. 즉, 성공주의 신앙이 일상화되는 것이다. 그를 대표했던 병 치료의 기적이 일상에 비일상이 끼어드는 현상이라면, 적극적 사고는 일상에 일상을 끼워넣음으로써, 새마음운동을 신앙운동이자 생활운동으로 발전시키는 데 기여했다. 이것은 저소득, 저학력, 여성 중심의 신앙운동을 성공한 남성 중산층의 신앙운동으로 확장하는 효과가 있었다. 즉, '신앙의 중산층화'가 실현되었던 것이다.

물론 이것은 위의 세 유형 가운데 조용기와 한국형 부흥사들에게만 해당되는 현상은 아니다. 조용기식 부흥운동보다 더 중산층적 신앙 현상인 다른 두 유형에서 더욱 현저했다. 당시 한국 사람의 대다수는 자신의 사회적 배치와는 상관없이 스스로를 중산층이라고 이해했다. '생각의 중산층화'는 교회의 신앙이 주체화하고 있던 신앙의 중산층화와 맞물린 현상이다. 자기를 현재의 상황에서 가장 긍정적으로 평가하고, 거기서 삶의 목표를 낙관적으로 잡아 매진하는 적극적 사고의 신앙으로, 자신의 성공과 동일시 내지는 우선시하는 교회의 성공에 열정을 다한다. 이렇게 교인들의 열정을 동원함으로써 교회는 빠른 속도로 성장을 이룰 수 있게 된 것이다.

허나 교회의 성공을 위한 교인들의 총동원을 이끈 것은 무엇보다도 목회자의 카리스마적 능력이었다. 한국판 메가처치를 이룩한 목회자의 리더십에 관한 한 연구에 따르면[6] 카리스마 넘치는 목회자와 교회의 빠른 성장은 불가분의 연관성이 있다. 또한 이들은 거의 예외 없이 교회에서 사역을 시작하고 은퇴할 때까지, 대략 1960~1970년대 사이에서 2000년대까지 30~40년간 한 교회에서 목회할 수 있었고, 대개 은퇴한 이후에도 원로목사로서 압도적인 영향력을 유지했다. 이렇게 카리스마적 리더십을 장기간 유지하는 것과 교회가 메가처치로서 대형화되는 것은 긴밀한 관계가 있다.[7]

목회자의 카리스마적 리더십은 장기간 같은 효력을 내지 않는다. 그래서 그것을 가능하게 하는 다른 요소를 필요로 한다. 이때 종종 온갖 권력 자원을 독점하고, 의결 과정을 생략한

채 자원을 활용하는 독재적인 일상화된 권력이 제도화된다.[8]
이렇게 하여 권력 독점이 장기화되면, 교회의 모든 제도를
운용하는 시스템은 목회자를 중심으로 작동한다. 특히 내밀한
인적 네트워크와 재정 운영의 압도적인 독점 능력이 '목회자
권력'의 핵심이다. 목회자가 임명한 장로들 가운데 일부가 '측근
집단inner circle'을 이루는 것이 보통이며, 그들에 의해 재정은 극도로
불투명하게 운영된다.

그러다 보니 목회자가 은퇴를 해도 교회는 권력 교체에
어려움을 겪는다. 여전히 권력 자원은 그를 중심으로 작동하는 강한
관성을 유지하기 때문이다. 그런 이유에서 30~40년간 목회해온
담임목사가 은퇴했을 때 그런 이들이 목회했던 교회는 난감한
상황에 빠져든다. 이로 인해 부자 세습이라는 악습이 횡행하게 된
것이고, 은퇴한 목사는 원로목사라는 이름으로 여전히 막후권력을
쥐고 교회를 쥐락펴락하는 관행도 생겨났다.

알다시피 이렇게 카리스마적 지도자가 장기간 권력을
독점하고, 성공주의와 결합되는 현상은 당시 군부 권위주의
체제의 정치 양식과 유사하다. 세속 권력과 교회 권력은 서로 닮은
모습으로 그 시대의 지배 체제를 구축했다. 한국 사회의 우파는
이렇게 형성되었다. 반민주적이고 권력 독점적이며, 성공에 대한
과도한 집착에 몰두하는 집단적 심성이 당시 우파가 공유하는 내적
논리였다.

소망교회, 한국 대형 교회의 새로운 양상

그런데 흥미로운 것은 소망교회다. 이 교회는 1977년 창립할
때부터 줄곧 적극적으로 성장 중심의 교회를 추구했고,
메가처치의 대열에 진입했음에도 몇몇 대목에서는 여느 한국판
메가처치들과는 뚜렷이 다른, 이 교회만의 독특한 양식을 견고히
유지하고 있다.

　한국의 거의 모든 교회의 예배 풍경은 다소 소란스럽다. 특히
한국판 메가처치는 목사의 카리스마적 리더십이 두드러진 만큼,
목사를 중심으로 교인들과 고조된 감정을 교환하며 소란스러운
예배마당이 펼쳐진다. 그런데 소망교회의 본당 예배는 카리스마적
담임목사의 열정적인 설교[9] 외에는 헛기침 소리 하나 들리지
않는다. 심지어 목사의 말에 맞장구치는 전형적 추임새인 '아멘'
소리도 없다. 교회 창립 이래 변함없는 엄숙한 분위기다. 또한
목사의 설교는 여러 대형 교회 가운데 가장 지적이라 할 만큼,
현란한 지식이 동원된다. 지적인 설교와 감정을 고조시키지 않고
설교를 청취하는 교인, 이것이 이 교회의 예배 풍경이다.

　신앙 행위에서 절제의 미학을 과시하는 또 다른 예로 흑백 1도
인쇄의 수수한 주보가 있다. 그러한 디자인과 형식은 기본적으로
창립 이래 변함이 없다. 많은 교회의 경우, 주보는 색조 화장으로 잘
치장된 교회의 얼굴이다. 실재보다 더 크고 화려하게 묘사된 교회당
그림과 총천연색의 세련된 디자인 속에는 그 교회의 드러냄의
욕구가 함축되어 있다. 그런데 소망교회의 주보는 드러냄보다는

감춤의 미학이 과시적으로 전시된다.

이와 유사한 것이 결혼예식이다. 결혼예식은 (가톨릭에서는 7대 성사의 하나지만) 개신교 예전에선 성사/성례전Sacrament에 포함되지 않는다. 그럼에도 대개의 교회는 개신교의 성례전인 성만찬과 세례 예식보다도 결혼예식이 교인을 통합하는 데 훨씬 큰 효과가 있다는 점을 주지하고 있다.

결혼 자체가 교회의 마케팅에서 대단히 중요한 것임은 의심의 여지가 없다. 1967년 순복음교회가 창간한 월간지 『신앙계』에는 오래전 '중보기도'라는 이름의 코너가 있었다. 여기에는 기도를 부탁하는 독자들의 편지 수백 편이 게재되었다. 한데 이중 대다수는 결혼에 관한 중보기도를 부탁하는 편지였다. 오늘날 대형 교회의 청년부와 대학부는 중요한 결혼시장의 하나로서 기능하고 있으며, 교회는 청년들의 배우자를 구하려는 욕망을 신앙과 결합시키는 각종 프로그램을 고안하고 운영한다. 또한 교회 청년들의 부모 세대인 권사와 장로들은 자식의 배우자를 선택하기 위해 청년부와 대학부를 예의 주시하며, 청년들은 권사와 장로들의 시선을 의식하며 자기를 규율한다. 하여 결혼예식은 어느 교회든 중요한 행사이며, 그만큼 화려하고 재기 넘치는 아이디어로 이벤트적 기획을 가미해 열린다.

한편 소망교회는 오래전부터 특급 결혼시장으로 공공연히 평가받아왔는데, 이 교회의 결혼예식은 놀라우리만치 수수하고 전형적이다. 주례전담목사를 두고 최대한 많은 신청자의

결혼예식을 수행하는 여느 대형 교회와는 달리, 소망교회는
담임목사가 직접 집례하는 예식을 오직 한 주에 두 차례,
토요일에만 수행한다. 결혼하는 당사자가 어떤 배경의 사람이든
똑같은 모양의 화려하지 않은 수수한 순서지를 사용하며, 예식의
과정도 이벤트적 요소나 화려함이란 거의 드러나지 않을 정도로
절제되어 있다. 또 목사의 집례 멘트 하나하나는 성찬식이나
세례식을 방불케 할 만큼, 조사까지 완전히 일치한다.

하나 더 이야기하면, 대형 교회마다 홈페이지에 빠짐없이
포함되어 있는 중보기도 메뉴에 올라온 글에는, 비록 익명으로
되어 있지만 놀라우리만치 비밀스러운 이야기가 적잖게 등장한다.
한국 개신교 신자들은 수많은 프로그램을 통해 자기를 공개하라는
끊임없는 요구에 직면한다. 다만 드러냄은 언제나 상향적이다.

신 앞에 자기를 공개하는 것이 신앙의 기본인 것처럼, 목사
앞에 신자들도 자기를 공개하며, 신앙적 선임자에게 후임자도
자기를 공개하는 것이 올바른 자세임을 가르치는 경구가 넘쳐난다.
반대로 알려는 욕구는 하향적으로 작용한다. 신앙의 성숙 단계,
영적 단계를 계층화하여, 신앙적 하위자의 내면을 해독하고, 그
속의 불온한 것을 색출하는 과제가 상위자의 필수 과제인 것이다.

그런데 소망교회 홈페이지의 중보기도 게시판에 들어가면,
추상적이고 모호하며 입에 발린 말로 가득하다. 이 교회에 20년
이상 출석했던 두 명의 교인과 각각 별도로 수행한 인터뷰에서
나는 이와 유사한 신앙 양태를 읽어낼 수 있었다. 한 사람은 자기의

개인적 신상을 말하지 않아도 되는 분위기가 이 교회를 다니게 하는 이유였다고 말했고, 다른 한 사람은 일터에서 우연히 같은 교회 성도인 사람을 알게 되었는데, 그와 교회에 대해서 혹은 상대방에 대해서 더 이상 말하지 않았다고 했다. 이들을 포함해서 소망교회 교인들은 대체로 귀속의식이 상당히 강했고, 이는 자신의 교회에 대한 자부심에 기반을 두고 있었다. 그럼에도 같은 교회의 교인들에 대해 서로 알려 하지 않았고, 자신을 공개하고 싶어하지도 않았다는 것이다.

또한 이 교회의 특징 중 하나는 엄격한 시간관과 프로그램의 최소주의가 뚜렷하다는 점이다. 주일 대예배는 오전 11시 30분 정시에 시작해서 12시 40분에 거의 오차 없이 끝난다. 이런 엄밀한 시간관은 교회 창립 이래 일관되게 지켜져왔다고 한다. 이것은 예배 이후 프로그램의 최소화와 맞물리면서 교회가 가족의 만남을 주선하는 장소로 작동하는 조건이 된다.

거의 모든 교회는 주일 내내 프로그램들로 가득하다. 또한 평일 프로그램도 꽉 짜여 있다. 그러므로 교인들은 연령별, 거주지별, 직능별, 관심별로 여기저기 흩어지게 마련이다. 하여 교회의 신앙 제도에 대한 충성도가 높은 교인 가족은 집에서 같이 나와 서로 따로따로 활동하다 밤늦게야 집에서 만난다. 녹초가 된 몸으로 들어간 집은 단지 잠자는 공간에 다름 아니다. 이것은 교회가 '주 안에서 맺어진 새로운 가족'이라는 공동체주의적 이념의 제도적 틀이 된다. 반면 소망교회는 예배 뒤, 삼대 이상의 가족 간의

만남이 이뤄지는 곳이 된다. 그것은 예배 시간을 포함해서 최소화된
프로그램들의 시간이 엄격하게 지켜졌기에 가능한 것이다.

이처럼 소망교회는 감정이나 욕망의 절제, 검약함을
과시적으로 전시한다. 또한 공동체 구성원 하나하나에
대해서 내면을 들여다보거나 자기를 들춰 보이려 하기보다는
각자의 여백을 존중하는 분위기를 강조하는, 요컨대
공동체주의적이기보다는 개인주의적이다. 그리고 이러한
개인주의는 가족주의와 순접順接한다. 거시적인 신앙적
기조가 반공·친미적이고 성공지상주의적이며 보수주의적이고
권위주의적이라는 점에서는 여느 한국판 메가처치와 별반 다르지
않지만, 미시적인 차원에서 이 교회의 분위기는 독특하다.

청년층에서 장년층까지 비교적 이 교회의 신앙 방식에 깊게
동화되어 있던 이들 몇 명을 인터뷰했는데, 그들은 이구동성으로
교회에 대한 만족감의 첫 번째 요소를 '안정감'이라고 표현했다.
나는 이들의 안정감이라는 표현과, 위에서 해석한 바 있는 절제,
검약, 개인주의적, 가족적 특성을 연결하면 이 교회적 신앙의
사회적 함의를 읽어내는 실마리를 얻을 수 있다고 생각한다.

신귀족주의와 소망교회

소망교회가 입지한 압구정동 지역은 1990년대 이후 한국적 모던
체험이 집약된 공간의 하나다. 이른바 소비사회적 모더니티가

지역적으로 특성화된 공간의 하나다.

압구정의 풍경은 지하철 플랫폼 계단부터 지상연결 계단
끝까지 거의 여백 없이 펼쳐진 성형 광고의 파노라마로
시작된다. 끝없는 재건축, 리모델링 등으로 거리며 건물이며
간판이며 10년, 아니 1년이면 모조리 성형하는 공간은 그곳을
지나는 사람의 육체까지 리모델링한다. 시끄러운 시장 같은
분위기가 지양된 고상하고 깔끔한 느낌의 압구정 도심은
밤이 되면 새로운 거리로 변모한다. 즐비하게 늘어선 바Bar의
몽환적 네온사인은 낮의 깔끔함을 퇴폐적 판타지의 공간으로
전환시킨다. 낮의 공간과 밤의 공간은 마치 회전식 연극무대의
세트처럼 변모하고, 그곳을 채우는 무수한 성형인간들이
도로를, 바 주위를 서성인다.[10]

그런데 예스러우면서도 모던적이고 정적이면서도 동적인,
밤낮이 다르고 시간의 지속성을 끊임없이 부정하는 공간, 이것이
압구정의 정취라면 그 한가운데 위치한 소망교회는 변화를
부정하는 듯한, 시간의 지속성과 불변성을 과시적으로 강조하는
신앙 제도를 발전시켰다.
이것은 다른 대형 교회가 총천연색의 화려한 주보와 각종
전자악기와 댄스가 서로 얽힌 동적인 예배 문화를 지향하면서
끊임없이 발 빠른 변화를 거듭하고 있는 것과 대조된다. 소망교회는

변화 지향성보다는 전통의 친숙함과 안정감에 기반을 둔 제도화를 추구한 듯 보인다.

그렇다면 이러한 소망교회를 소비하는 사람들은 누구인가. '압축적 근대화condensed modernization'를 이룩한 한국 사회는 '1997년 이후' 더욱 빠름의 시간성에 귀속되고 있다. 이러한 과속성의 사회society of speedity로 치닫고 있는 한국 사회에서 성공한 이들 중 일부는 이중적 행태를 보인다. 한편에서는 과속성의 체제에 누구보다도 잘 적응하는 모습을 보이면서도, 다른 한편에서는 그 과속성에서 후퇴하여 빠름보다는 느림을, 양보다는 질을, 성과보다는 성숙을 강조하려는 경향을 보인다. 즉 전방 지역에서는 누구보다도 속도에 미친 전쟁광처럼 행동하지만, 후방 지역에서는 이른바 중상위 계층적 웰빙 취향을 선호하는 것이다. 이때 이러한 웰빙 취향의 공간인 후방 지역은 개인적 취향과 가족적 여가를 주요 무대로 하고 있다.

최근 중상위 계층적 소비 패턴의 하나로 부상하고 있는 이른바 '보보스형 소비'는 그러한 징후를 보여준다. 보보스Bobos는 '부르주아 보헤미안Bourgeios Bohemian'의 약어로 20세기 말, 과도한 소비사회로 치닫고 있는 미국 사회 내 지배 문화의 천박성을 지양하고 웰빙적 가치를 추구하는 신귀족주의적 라이프스타일을 지칭한다. 이러한 보보스형 인간은 과시적이기보다는 검약하고 실용적이며, 소란스럽고 집단주의적인 행태보다는 개인주의적 조용함을 추구하며, 공적인 삶에서 실패하지 않았음에도 '노동

중독work-holic'적 생활 태도보다는 가족주의적이고 일상적인 삶의 여유를 향유한다. 그런데 한국 사회의 소비 패턴을 연구한 한 논문은 한국의 중상위 계층에서 최근 보보스형 소비 성향이 포착되고 있음을 밝힌 바 있다.[11]

여기서 흥미로운 사실 한 가지를 이러한 라이프스타일의 대두와 연결시켜보면 의미심장한 변화를, 적어도 그 일부를 추론할 수 있다. MB정부의 등장 맥락에서 선거의 중요한 슬로건 중 하나가 '선진화'였다는 사실 말이다. 즉, 한국 정치의 구태를 보수주의 내부에서 개혁하겠다는 주장이다. 이른바 박세일식 뉴라이트 담론이다. 그것이 MB정부 내에서 얼마나 진정성을 담은 것인지는 의심스럽지만, 유념할 것은 그러한 슬로건이 대선 당시에 시민사회에서 먹혀들었다는 점이다. 이는 정치의 웰빙화를 열망하는 시민사회의 바람이 적지 않았다는 것을 뜻한다.

한국 사회에서 웰빙 담론은 먹거리에 관한 관심을 중심으로 발전했지만, 보다 포괄적인 생활 습관과 사적·공적 관계 양식까지 다양하게 번역, 사용되는 문화적 담론 현상으로 확산되고 있다. 그리고 무엇보다도 중요한 것은 이러한 웰빙적 문화 취향은 보편적인 함의를 지니는 듯하면서도 실상은 계층적 성격을 지닌다는 점이다.[12] 즉, 웰빙은 '중산층 신사화gentrification of middle-class' 현상이다. 요컨대 박세일식 정치의 웰빙화 담론인 선진화론의 배경에는 최근 폭넓게 확산되고 있는 중산층 신사화 현상으로서의 웰빙 문화가 있다.

한데 정치 담론으로서 선진화론은 MB정부 자신에 의해서
기각되었다고 할 수 있다. 그것은 MB정부의 정치가 "잃어버린
10년" 운운하는 익숙한 말에서 드러나듯, 민주주의를 넘어서는
포스트민주화의 정치를 구현하려기보다는 퇴행적인 복수의 정치에
치중한 탓이겠다. 하지만 보수주의적 시민사회 내부에서는 정치의
선진화론과 같은 문화의 선진화를 선호하는 중상위 계층의 폭넓은
삶의 스타일이 확산되고 있었다는 점이 이 글이 주목하고자 하는
바이다.

나는 그러한 삶의 스타일이 소비 유형을 넘어서 공공적
영역까지 확산되고 있는 징후를, 정치 영역의 선진화 담론 외에
대형 교회의 한 양상에서 포착하고자 했다. 그것을 '후발 대형
교회'라는 이념형적 가설을 통해서 다룬 바 있는데,[13] 소망교회는
그러한 이념형적 모델을 특징적으로 보여준 한 사례로 볼 수 있다.

앞에서 요약한 것처럼 절제, 검약, 개인주의적, 가족적 특성은
보보스적 삶의 패턴과 정확히 부합된다. 그리고 소망교회 교인들이
그 교회를 선호하는 1순위의 가치가 안정감이라고 한 것은
중산층적 웰빙 취향의 사회적 함의를 보여준다.

'무에서 유를 창출'했던 압축적 성장 시대의 주역들이 빠른
성공주의에 열광했다면, '의미 있는 유'를 향유하려는 선진화
시대의 제2, 제3세대의 중상위 계층은 도전보다는 안정을,
성공보다는 성숙을 추구했다. 소망교회는, 그 교회가 추구했던 신앙
제도는, 원래부터 의도된 것이든 아니든, 그러한 중상위 계층적

웰빙 취향의 신앙화의 한 양상으로서 해석되었고, 이를 선호하는 많은 사람에 의해 새로운 신앙 제도로 소비되었던 것이다.

물론 이러한 현상에 대한 해석은 소망교회에서만 드러나는 것은 아니다. 양상은 다르지만 여러 교회, 특히 몇몇 메가처치가 시도하고 있는 것에서도 유추되며, 또한 최근 기독교계 일각에서 폭넓게 회자되고 있는 '청부론'이나 '풍요의 신학' 등과 같은 담론 현상에서도 엿볼 수 있다.[14] 이 논점들의 공통된 함의는 '부'는 아등바등해서 이룩해야 할 가치가 아니라 이미 주어진 것이고, 그 주어진 부를 어떻게 깨끗하고 정직하게 활용할 것인가를 신앙의 윤리로 삼으려는 데 있다. 위에서 말했던, 후발 대형 교회라는 나의 이념형적 모델은 이런 현상의 해석을 전제한다.

소망교회는 최근 한국 교회의 개혁의 흐름에 운동적으로 포섭되어 있지는 않다. 그러기에는 이 교회의 교인들은 지나치게 개인적이고 가족주의적이다. 자기네 교인들의 신상에 대해서 별로 알고 싶어하지 않는 것처럼 한국 교회의 위기에 대해서도 그다지 관심이 없고, 한국 교회를 대표하는 운동의 선봉에 서고 싶어하는 것은 더더욱 관심사가 아니다. 하지만 소망교회의 신앙 제도와 다수 교인의 성향 속에는 개혁의 밑바탕을 형성하고 있는 라이프스타일과 신앙 제도적 취향이 내포되어 있다.

대형 교회 담론에 숨겨진 새로운 괴물

글을 마무리하면서 처음의 논점으로 돌아가야겠다. 소망교회에서 일어난 폭력 사태는 단지 한 교회에서 일어난 갈등의 차원을 넘어서는 해석의 실마리라고 했다.

앞서 논한 것처럼 소망교회는 포스트민주화 시대, 혹은 소비사회적 후기자본주의 시대의 한국 사회의 변동이라는 맥락에서 중상위 계층적 웰빙 취향의 보수주의 등장이라는 한 양상을 보여준다. 여기서 소망교회는 보수주의, 친미주의, 반공주의, 성공주의 그리고 권위주의적 성향이라는 점에서 여느 메가처치와 별반 다르지 않다. 그런데 2011년에 벌어진 소망교회의 담임목사와 부목사 간의 폭력 사태는, 내가 보기에 바로 이 두 다른 양상이 충돌을 일으키는 지점에 정확하게 포개져 있다.

말했듯이 이 폭력 사태의 배후에는 현 담임목사와 전 담임목사이자 원로목사, 이들 두 지도자의 갈등이 놓여 있다는 것이 일반적인 추측이다. 사실은 그러한 갈등이 구조적 배후로 작동하고 있다는 게 더 정확한 표현일 것이다. 전 담임목사이자 원로목사는 교회를 창립할 때부터 한국의 대표적인 메가처치가 될 때까지 이 교회를 이끌었던 카리스마적 지도자다. 앞에서 설명한 이 교회의 신앙 제도상의 특징 중 대부분은 바로 그가 만들어낸 것이라고 해도 과언이 아니다. 그만큼 그의 영향력은 절대적이다. 심지어 퇴임한 지 8년이 지난 지금까지도 여전히 막강한 막후권력을 행사한다. 그를 승계한 이는 8년 동안 신임 장로를 거의 임명하지 못했다. 그것은 교회 운영에서 자율권을 가질 권력 기반을 갖추지 못했다는 것을 의미한다.

전 담임목사의 카리스마적 리더십은 대개 그렇듯이, 권력 남용이 잦았다. 재정 운영의 불투명성이 특히 문제였다. 일반적으로 알려진 그에 관한 정보들은 그가 대단한 자금동원 능력을 가지고 있다는 속설과 얽힌다. 그러한 자금력의 대부분은 교회의 공식적인 재정에서 자의적으로 전용한 것으로 추측되지만, 그것을 알 길은 없다. 또한 비공식적 자금 형성도 문제적임은 의심의 여지가 없다. 그리고 그러한 자금 운용상의 편법은 도처에서 이 교회의 웰빙적, 선진화적 신앙제도의 양상과 충돌한다.

현 담임목사는 카리스마적 리더십이 넘치는 사람이 아니다. 그는 전직 대학교수답게 학자스럽고 계몽적 교사에 가까운 리더십을 보인다는 점에서 이 교회의 조용하고 느리며 신사적이고 검약한 분위기에 더 어울린다. 반면 전 담임목사는 교회 제도의 많은 부분에서 검약함을 과시적으로 드러냈음에도, 한국에서 두 대밖에 없는 스포츠카를 몰고 많은 비자금을 쥐락펴락하는 이중성을 숨기지 못했다. 요컨대 전 담임목사는 소망교회 안에 웰빙 취향의 신앙 제도를 창조했고 그 신앙 유형을 고집스럽게 운영하면서 엄청난 성공을 이룩한 장본인임과 동시에, 그 자신은 구태적인 독재자형 지도자다. 반면 현 담임목사는 독재자의 유산을 고스란히 물려받았으나 본성상 독재자에 어울리지 않는다.

실은 소망교회 자체가 그렇다. 수만 명의 교인을 보유한 교회다. 그리고 이 교회에서 공식적인 발언의 주역은 담임목사 혼자뿐이다. 이 교회는 다른 교회보다 예전例典 중심적이며, 그런 점에서 더욱 안정감이 강화된다. 또한 결혼예식에서 보듯 예전을 담임목사 혼자 집례하며, 예배에서 보듯 혼자 말한다. 다른 참여는 극도로 제한적이다. 이 점은 예전 중심적 종단인 가톨릭에 가깝다. 하지만 이런 예전 중심성이 관철되는 방식은, 오랫동안 축적되어온 시간의 산물인 제도에 의존하고 있는 가톨릭과 달리, 독재자 스타일의 카리스마적 지도자에 의해 창안된 것이다. 하여 소망교회의 모델은 교회에 무관심한 신자 대중을 전제로 할 때만 성립할 수 있다. 가령, 사랑의교회 같은 열정적 신자가 많은 교회와는 다른 신앙 문화를 필요로 한다. 그리고 실제로 소망교회의 신자층은 그런 요소가 강하다.

문제는 카리스마적 지도자가 영원히 교회를 통합할 수 없다는 데 있다. 즉 그는 은퇴해야 했고, 그를 절대적으로 지지하는 아들에게 물려주지 못하고 후임자를 외부에서 초청해왔다는 데 있는 것이다. 비록 원로목사로 군림하며 막강한 영향력을 여전히 갖고 있지만 말이다. 후임자는 성향상 지극히 '소망교회스럽다'. 하지만 동시에 소망교회의 카리스마적 리더십 체제에 어울리지 않는 인물이다. 이러한 구조적 모순이 소망교회 내 갈등의 배경이 되고 있다. 흥미롭게도 이 교회에서 세상을 시끄럽게 할 만큼 엄청난 폭력 사태가 벌어졌는데도 정작 교인들은 소망교회답게 무덤덤하다.

어쩌면 시간이 흐르면서 이러한 갈등이, 그 모순적 구조가 점차 개선될 수도 있을 것이다. 그렇다면 정말로 웰빙 신앙이 제도화되는 하나의 사례가 될 것이다. 물론 그러기 위해서는 교인들이 더 이상 무관심한 방관자이기만 해서는 안 될 것이다. 민주화를 추동하는 데 관여했던 시민적 주체처럼, 자존적 주체로서의 성도가 되어야 한다. 이렇게 소망교회의 실험이 성공한다면, 그것은 이 교회의 보수주의가 한국 기독교나 한국 사회 내 보수주의의 변화를 선도하는 하나의 사례가 될지도 모른다는 뜻이다.

그런데 글을 마감하면서 그런 상상에 우울해지는 것은, 소망교회를 포함한 후발 대형 교회의 신앙 제도와 담론 속에는 '실패에 대한 배려'가 보이지 않는다는 점 때문이다. 실패에 대한 배려가 없는 우파가 자신의 문화와 담론을 아름답게 치장하는 데 성공한다면, 그것은 우리가 '새로운 괴물', 그 흉물스러움이 은폐된 '파멸적인 유혹'과 맞붙어 싸워야 한다는 것을 뜻한다.

김진호를
만나다

사람들은 교회에서 지난 6일간의 고통을 치료받고 싶어한다. 그러나 외려
사람들이 교회에서 더 큰 고통을 받고 있다는 소리가 여기저기서 들려온다.
3장은, 그 고통의 데시벨이 개인에서 사회 문제의 차원으로 확장되고
있다는 점을 우려한다. 여기에 작용하는 종교·정치권력의 연관성 속에서,
과연 '우파적인 사고방식'이 이 고통의 데시벨에 어떤 영향을 주었을까?
김진호는 이를 한국 대형 교회의 발전 과정에서 찾아보려 했다. 그는 한국
교회, 그중에서도 사회 문제가 되고 있는 대형 교회 가운데 소망교회를
주목해보라고 한다. 그의 견해를 따르자면, 소망교회에는 한국 사회의
'지금'이, 뭔가 달라진 우파의 욕망이 있다. 자연스레 첫 질문은 본문에서는
볼 수 없었던 소망교회에 대한 또 다른 의문으로 시작되었다(인터뷰어는
'글'로, 답변을 해준 필자 김진호는 '진'으로 표기했다—편집자 주).

소망교회 교인은 모두 웰빙 신앙을 지향하는 걸까

글: 어린 시절 일입니다. 교회 다니는 어른들이 '교회용 속담'이라면서 "교회 와서 팔자 고친다"라는 말을 가르쳐준 적이 있습니다. 이런 기억을 떠올리며 3장 내용을 읽었더니 목사님이 평소 내세워왔던 개념 가운데 서민적 성공주의와 중산층적 성공주의가 생각났답니다. 짧게 정리하자면, 서민적 성공주의란 신의 축복이 결핍된 상태에서 삶의 조건이 풍요로 전환되는 것, 중산층적 성공주의는 이미 주어진 풍요를 어떻게 간직할 것인가의 문제에 초점을 맞추고 있다는 것인데요.[15] 3장을 읽다보니 소망교회가 중산층적 성공주의와 연관된 웰빙 담론을 적극적으로 생산하는 곳이라고 할 때, 소망교회로 대변되는 후발 대형 교회가 꼭 그 담론을 선호하는 사람들만이 모여 있는 곳은 아니지 않을까라는 생각이 들었습니다. 그 담론에 현실적으로 '배제된 자'들이 어쨌든 교회는 나가는 상황에서 교회 안에 어떤 위계가 작동하리란 추측을 해봤어요.

진: 한국 대형 교회의 중산층화는 1990년대에 제 궤도에 오르게 됩니다. 이것은 한국 사회가 소비사회로 빠르게 전환되던 시기에 소비사회적 신학인 번영신학이 한국 대형 교회의 신학으로 완전히 정착하게 된 것으로 해석할 수 있습니다. 그리하여 이 시기에 교회에서 서민적 성공주의는 중산층적 성공주의로 대체되었습니다.

그런데 중산층적 성공주의에 대한 일정한 비판을 내재하면서도 중산층적 성공주의의 일부라고 할 수 있는 새로운 신앙 양식이 바로 그 시기에 본격화되기 시작했다는 점을 주목해봐야 합니다. 저는 그것을 웰빙 신앙이라고 부른 바 있는데요. 양적인 자기 증식에 대한 추구를 지양하고 질적인 고상함을 추구하는 삶의 양식을 신앙화하는 현상을 가리킵니다.

한데 웰빙이라는 삶의 양식은 일정 수준 이상의 자산 능력을 전제합니다. 그래서 웰빙 산업은 주로 강남 중산층 지역에서 가장 활발하죠. 마찬가지로 웰빙 신앙은 부유한 계층의 신앙 문화가 잘 발전한 교회에서 가장 두드러지게 나타납니다. 물론 모든 강남지역의 교회가 웰빙 신앙의 성격을 강하게 나타내는 것은 아니에요. 그러나 어쨌든 나는 소망교회가 이런 웰빙 신앙의 보고라고 생각합니다. 물론 그 교회 안에는 웰빙 신앙이 혐오해 마지않는 천박한 중산층적 성공주의가 한 축을 이루고 있습니다. 그럼에도 이 교회에는 귀족주의적 품격에 대한 신앙 추구가 두드러지게 드러난다고 생각합니다.

글: 당연한 인과관계겠지만, 그 귀족주의적 품격을 유지하는 데 교인들의 경제 능력은 중요한 요소라 볼 수 있겠군요.

진: 그렇죠. 저는 이 교회를 다녔거나 다니고 있는 몇몇을 인터뷰한 바 있고, 제 연구 가설을 그들의 증언으로부터 어느 정도

확인할 수 있었습니다. 그리고 웰빙화된 신앙을 유지하기 위해 적지 않은 자산 능력이 필요했다는 점을 확인했습니다. 어떤 이는 그 교회를 떠나야 했던 결정적인 이유를 경제 문제였다고 고백했어요. 요컨대 이 교회의 신앙 문화 속에는 자산 능력에 따른 여과 장치가 작동하고 있다는 것입니다. 그러한 장치가 작동되는 가운데, 계층성과 웰빙성이 결합된 이 교회의 독특한 신앙 양식이 형성되고 있는 것이 아닌가 생각해봤습니다.

소망교회엔 진보적인 사람도 많이 다닐까

글: 소망교회 성도들이 내세우는 개인주의, 그것을 지탱하는 높은 학력 자본과 교회 내 지식 교류 체계에서 보자면, 소망교회 안에서 정치 문제에 관해 무심함을 나타내는 계층도 제법 있을 것 같습니다. 또 다른 차원에선 진보적인 시각을 가진 사람들도 소망교회를 많이 다니지 않을까요?

진: 교회 안에는 다양한 부류의 사람들이 공존합니다. 문제는 교회가 표상하는 이념적·문화적 지향이 이 다양한 계층의 취향이나 선호를 얼마나 반영하고 있는가라는 점입니다. 결론부터 말하자면, 교회는 민주주의가 가장 지체된 사회 영역에 속한다는 점입니다. 즉 다양한 부류의 사람들이 교회에 있지만, 그 다양성은 교회의 신앙 문화나 사회적·정치적 태도를 표상하는

데 거의 영향을 미치지 않는다는 것이죠. 다시 한번 말하자면, 질문하신 시선에서 볼 때 소망교회 안에서 정치 성향상 보수적인 성도가 있는 것만큼 진보적인 성도도 어느 정도 그 비율을 차지할 것이다, 라는 차원보다는 각각의 교인이 가진 보수와 진보라는 목소리를 한 교회가 얼마나 다양한 형태로 공존시킬 수 있는가라는 구조의 차원을 더 면밀히 봐야 할 듯합니다. 그런 점에서 교회는 비민주적인 영역이라는 것이죠.

글: 교회 안에서 비민주적인 처사에 항의하는 사례는 전혀 없었나요?

진: 1980년대에는 교회의 비민주성에 대한 저항이 속출했습니다. 하지만 무수한 저항은 거의 예외 없이 도전자들의 무참한 패배로 귀결되었습니다. 그들은 교회를 떠나거나 순응하는 자로 교회에 남았죠. 1990년대 이후, 그런 저항은 교회 안에서 현저히 줄어듭니다. 대신 교회 밖에서 별도의 개혁 단체를 만들어 비판과 개혁을 위한 운동이 활발히 일어나고 있습니다. 또 기성 교회를 개혁하기보다는 새로운 유형의 교회들을 만드는 시도들이 속출하고 있지요. 하지만 그만큼 기성 교회들, 특히 대형 교회에서 다양한 목소리는 침묵을 통해서만 존속하죠. 소망교회도 그런 점에서 예외가 아닙니다.

글: 그렇다면 구체적으로 교회의 비민주성에 저항하는 목소리를 침묵으로 만들어버리는 요소는 무엇일까요?

진: 제 글에서도 강조했지만, 한국 교회가 급성장을 이룩하는 데 가장 결정적인 영향을 미쳤던 카리스마적 목회자의 존재와 리더십을 주목해야 할 것입니다. 카리스마적 목회자는 최소 20년 이상 교회의 모든 자원을 독점하는 가운데 급성장을 이끌고, 20~40년이 흐르면서 교회법이 정하는 규정에 따라 은퇴를 하게 되지만, 이는 사실상 교회를 아예 떠나는 것이 아니라 연장된 지도력의 행세로 나타나고 말았습니다.

아울러 한국 교회가 전반적으로 장로교회의 양식을 따르는 가운데, 담임목사와 장로로 구성된 '당회'라는 조직은 교회 내 비민주성의 온상입니다. 당회는 그 교회의 성향을 과잉 대표하는 기구로 작동한다는 점에서 교회 내 비민주성의 지체 요인으로 더 깊게 분석될 필요가 있습니다.

한국 개신교 우파와 반공주의라는 시선

글: 한국 개신교에서 '북한'은 동떨어질 수 없는 타자일 것입니다(그리고 이는 '친미'라는 요인과도 연결되겠지요). 특히 반공주의라는 문제를 통해 한국 개신교 내 보수 체제가 갖는 그 생명력의 기한은 언제까지라고 생각하시는지요.

진: 먼저 독자들을 위해 한국 개신교 안에서 반공주의가 어떻게 자리 잡았는지 정리해봐야 할 것 같아요.

1940년대 중반 이후 북한에서 월남한 이른바 '이북 성도'들이 남한에서 개신교의 헤게모니 집단으로 자리 잡으면서 한국 개신교의 반공주의는 두드러졌습니다. 이민자 집단이 주도권을 쥐게 된 현상은 이례적입니다. 하지만 실은 그렇게 될 만한 이유가 있었어요.

월남한 이북 성도들, 특히 서북지역(평안도와 황해도) 출신자들은 당시 미국 개신교에서 가장 강력한 종교 권력이었던 종파인 북장로회와 긴밀한 관계를 맺고 있었습니다. 하여 월남자들의 정착기금으로 미국 북장로회로부터 유입된 막대한 기금이 여러 '월남자교회'를 만들고 운용하는 데 크게 작용했습니다. 특히 '이북오도신도회'는 미국으로부터 유입된 기금을 받아들이는 종교 센터였습니다.

반공주의적 성향이 현저했던 이북 성도들은 특히 청년층이 많았기에, 강한 행동주의적 성향을 지녔답니다. 이들은 남한 사회에서 행동주의적 반공주의 단체들을 조직했고, 교회는 그들이 결속하는 장소였습니다. 거기에 미 군정당국과 경찰 조직의 비공식적인 비호가 있었어요. 또한 강한 행동주의는 그들 간의 결속력을 더욱 강화시켰죠.

이렇게 반공과 친미 성향이 특별히 강했고 결속력 또한 비상하게 강력했던 집단이 정치적·경제적 자원을 다른 경쟁

집단보다 더 많이 가짐으로써, 이들은 남한의 기독교 사회 가운데 헤게모니 집단으로 부상할 수 있었습니다. 게다가 한국전쟁은 그들의 독특한 정치적·이데올로기적 태도를 남한 개신교의 보편적 신앙으로 정착하게 하는 결정적 계기였습니다.

한편 1960년대 전 세계에서 유례를 찾아볼 수 없을 정도로 엄청난 속도로 진행된 개신교 대부흥은 남한 출신, 특히 개신교의 변두리에서 발생한 기도원식 부흥회 운동에 따른 것이었습니다. '순복음 현상'이라고 해도 과언이 아닐 만큼 방언과 병 치유, 개척자적인 적극성을 강조하는 순복음교회식의 광적인 집회가 교단을 불문하고 특히 대도시 지역에서 대대적인 신자화 현상을 낳은 것이죠. 여기에는 남한 출신 부흥사들의 활약이 돋보였습니다.

이들은 주류 기독교의 공격적 반공주의에 영향을 받았지만, 월남한 이북 신도들보다는 더 창의적이고 생산적으로 반공의 열정을 활용했습니다. 즉 월남한 이북 신도들이 반공주의를 이른바 '용공분자'에 대한 파괴적 열정으로 소비했다면, 부흥사들은 그것을 병 치유 현상을 일으키는 종교적 엑소시즘의 자원으로 전화시켰던 겁니다. 또한 가난에서 벗어나고자 막막한 현실을 개척해가는 생산적 열정을 활용했습니다.

어쨌든 이런 일들로 개신교 반공주의는 그 성격이 차츰 변화해갔어요. 그 파괴적 본능은 여전히 남아 있었지만 점차 주변화되었고, 반면 성장주의적 동력으로 활용되었습니다. 그러나 개신교가 성장을 멈추고 사회적인 공분의 대상이 되는 시점에서 개신교 반공주의의 파괴적 본능이 꿈틀거리며 퇴행적으로 나타나고 있습니다. 특히 고강도의 신냉전주의적 뉴라이트 개신교 현상으로 출몰하고 있어요.

글: 목사님이 언급하신 그 "신냉전주의적 뉴라이트 개신교 현상"이 사회적으로 큰 영향력을 끼친다고 보시나요?

진: 아니요. 이러한 현상은 많은 개신교 신자로부터도 외면받고 있다고 생각해요. 그런 파괴적 반공주의를 주장하는 이들 가운데 대형 교회 목사들을 비롯한 영향력 있는 지도자가 다수 포함되어 있음에도, 영향력에서 보면 그 소리는 주변화된 목소리에 지나지 않거든요. 요컨대 이러한 퇴행적 주장들은 대중매체의 주목을 집중적으로 받음으로써 마치 개신교의 중심 소리처럼 들리기는 하지만, 실은 개신교 내부에서는 거의 메아리 없는 소리죠. 파괴적 반공주의는 개신교 일각에서 일어나고 있는 퇴행적 행동에 지나지 않아요. 또 보수든 진보든 개신교 내부의 여러 주체로부터 신뢰를 더 잃어가는 양상을 부추기고 있죠.

시민종교의 명암

글: 2002년 월드컵, 2008년 촛불 집회, 2012년 <나는 꼼수다> 등 시민사회를 움직였던 몇몇 사건에서 목사님은 '시민종교'라는

개념을 이끌어내셨습니다. 기독교, 불교 등 우리가 흔히 알고 있는
명시화된 종교 세계가 아니라 시민과 심성의 문제를 따져보는 것,
즉 분노, 열정, 증오, 환희, 광분 등등 사람들에게 '종교적인 것'이라
불릴 수 있는 현상의 누적은 늘 관심을 갖고 지켜보는 주제입니다.

진: 일종의 비상시국이라고 생각했던 해방 직후기를 제외하면
교회는 교회당이라는 밀실 속에서 사회를 바라보았지, 사회를
적극적으로 형성하는 주체가 되려 하지 않았습니다. 그런 점에서
교회는 한국 사회에서 시민종교로 발전하지 못했답니다. 불교나
가톨릭 같은 한국의 다른 메이저 종교는 워낙 신자들의 종교
활동이 적은 탓에 신자의 정체성으로 사회와 접촉하기보다는
시민의 정체성을 가지고 사회와 만났다고 봅니다. 요컨대 한국의
주요 종교는 시민종교적 성격을 결여하고 있었죠.

제가 보기엔 2000년대 이후 한국 사회는 매우 종교적이라고
여겨집니다. 이는 사람들 모두가 겪고 있는 고통 혹은 두려움을
해소시키는 계산 가능한 대안이 부재한 탓이겠죠. 계산 가능한
고통의 출구를 찾지 못한 이들이 진리에 대한 열정으로
자신을 주체화하고, 생각을 행동화하는 현상이 두드러지게
강화되었습니다. 막스 베버가 말한 근대사회의 '탈주술화'는 더
이상 주술을 따르기보다는 합리성에 기초한 믿음에 따른 인간의
주체화가 가능하게 된 사회를 가리킵니다. 하지만 실은 근대사
속에서 합리성의 부재에도 불구하고 진리에 대한 감성적 열정을

통한 주체화·행동화 현상은 도처에서 일어났습니다. 곧 종교성은
근대사회에서도 종종 강하게 나타나곤 했죠.

　1980년대 한국은 탈주술화적 현상이 주체화의 강한 조건으로
작용하던 때였습니다. 그때 많은 이는 '과학적 사고'를 강조하면서
주체화되었고 생각을 행동화했답니다. 하지만 2000년대 한국
사회는 그때처럼, 합리성을 통해 사람들이 스스로를 해석하고
생각을 행동으로 표현하지 않습니다. 오히려 지금은 감성적 열정이
진리를 담는 더 적절한 그릇처럼 보입니다. 그래서 저는 2000년대
한국 사회에는 종교성이 강하게 나타나고 있다고 주장하는 겁니다.

　실제로 한국 사회에서 종교인의 수는 점점 늘고 있습니다.
하지만 그보다 더욱 중요한 것은 기성 종교에 대해 문제의식을
느끼는 사람 또한 매우 늘고 있다는 점입니다. 사람들은 더욱
종교적 성향을 지니는데, 기존의 종교는 그들에게 만족을 주지
못하고 있죠. 해서 많은 사람은 기성 종교 밖에서 자신의 종교적
감성을 표현하곤 합니다.

글: 독자들이 알 만한 예가 있을까요?

진: 가령 팬덤 현상을 들 수 있습니다. 특정한 스타를 향한
감성적 열정을 통해 사람들은 계산 가능한 출구를 찾지 못했던
고통에서 해방을 체험합니다. 그런 점에서 팬덤은 현대적 종교성의
표현으로 해석할 수 있습니다. 한데 팬덤은 공공성을 결여하고

있습니다. 그러므로 그것은 마치 광신자들의 종교처럼 인식되죠. 즉 사회적 지지를 받지 못하는 '그들만의 종교'인 셈입니다.

그런 점에서 한국 사회의 광우병 촛불집회 현상은 흥미로웠습니다. 그 집회에는 광우병이라는 악마적 대상이 자신의 고통을 해석하는 공통의 존재라는 믿음으로 넘쳐났습니다. 즉 사람들은 제각각 자기 고통의 서사를 갖고 있지만, 그 모든 것을 광우병에 투사시키면서 결속했습니다. 고통의 상징적 투사 현상이 일어난 것이죠. 그리고 촛불이라는 하나의 상징물을 통해 악마를 퇴치하는 주술적 의례를 수행하듯 집회 속에 열정을 담아냈습니다. 한편 집회 시간이 끝나자 사람들은 제각기 그 장소를 청소하고 해방감을 안고서 집으로 돌아갔어요. 마치 예배를 마치고 집으로 돌아가는 사람들처럼 말입니다.

이 점에서 광우병 촛불집회는 개신교의 종교 집회처럼 보였습니다. 기성 종교가 종교성을 종교 제도적인 '밀실'에서만 표현했다면, 여기서는 광장에서 사회적 의제를 중심으로 종교성을 드러냈습니다. 또한 팬덤처럼 공공성을 결여한 광신자적인 종교성과 달리 사회적 공공성을 지녔죠. 이런 맥락에서 저는 광우병 촛불집회를 시민종교 현상으로 해석했습니다. 즉 한국 사회에서 기성 종교는 시민종교로서 아직 발전하지 못하고 있는데, 시민종교 현상이 종교 제도 밖에서 일어난 것입니다.

글: 그렇다면 시민종교 현상은 사람들에게 어떤 구체적 영향을

미칠까요? 특히 이런 종교적 집합행동이 시민사회를 세밀히
성찰하는 데 기여할 수 있을까요? 모든 것이 아직 열려 있지만,
어쩌면 기성 종교, 특히 개신교가 교인들에게 해방감을 주기는
했지만 성찰하도록 하는 데 실패한 것처럼, 최근에 일어나고 있는
한국의 시민종교 현상도 그렇게 될 우려는 없는 것일까요?

진: 저는 성찰을 위한 가장 핵심적인 조건으로 '타자성'을
꼽습니다. 즉 자기의 해소되지 않는 고통을 종교적 상징으로서의
매개물을 통해 집합적으로 담아냄으로써, 자신이 아니라 타자의
고통에 대한 감수성이 확장되는 것, 고통받는 타자에 대한 돌봄
의식과 행위를 통해 스스로의 고통에서 해방되는 체험이 바로
종교적 성찰의 주요 조건이라고 보는 거죠. 그런 점에서 일례로
2008년 광우병 촛불집회는 성찰적인 종교 의례가 되었을까요?
그것을 평가하기에는 아직 연구가 부족합니다. 하지만 우려스러운
건 촛불집회가 개신교처럼 하나의 종교 의례를 수행하고 나서
해방감을 느끼는 데 머문 하나의 거리 이벤트에 지나지 않았던
것은 아닐까 하는 점입니다. 이 체험을 통해 사람들은 별로 타자의
고통에 대한 감수성을 발견하지 못했을 것 같다는 우려가 드는
것이죠.

MB정부는 한국 개신교를 향한 피로감에 어떤 영향을 끼쳤나

글: 저의 아버지는 목사입니다. 이명박 정부 초기에 그가 실정을 해도 목사인 아버지는(그리고 사모인 어머니도) "그래도 이명박 '장로'인데……" 하며 저와 대립각을 자주 세웠습니다. 그런데 요즘은 제가 놀랄 정도로 부모님이 달라졌더군요. 무엇보다 이 정부에 대한 이야기, 그리고 이것과 관련된 교회 이야기(특히 소망교회를 비롯한 대형 교회 등)가 나오면 먼저 꺼내는 말씀이 "피곤하다"였습니다. 대형 교회가 한국 사회에 퍼뜨린 문제가 비단 이 정부에만 있었던 것은 아닐 텐데요. 제 개인의 사례를 들어 무리가 있긴 하지만, 목사님은 특별히 이명박 정부 5년이 한국

기독교에 대한 극한의 피로감을 양산했다고 보시는지 궁금합니다.

진: 먼저 한국 개신교를 향한 피로감이 이 정권과 갖는
연관성에 대해 이야기하려면 한국 개신교의 사회사를 살펴볼
필요가 있습니다. 짧게 정리하자면, 우선 한국 개신교는 근대 한국
사회의 형성에 매우 깊게 얽혀 있는 종교입니다. 무엇보다 한국
개신교와 정치 세력의 긴밀한 관계를 주목해볼 필요가 있습니다.
특히 국가 형성의 측면에서 교회의 역할은 아주 컸죠. 1945년 미
군정당국이 조사한 남한 사회의 이념 지형도에서 공산주의 계열과
사회주의 계열 성향의 사람들이 전 인구의 80퍼센트에 달했습니다.
하지만 20퍼센트에 불과했던 우파 진영이 권력을 장악하고
국가를 건국하게 되는 데 교회의 활약은 실로 대단했답니다.
특히 반공주의적 행동가 집단인 월남자 공동체는 대부분 교회와
연결되어 있었어요. 그것은 당시 미국에서 가장 부유한 교파인
북장로회가 평안도와 황해도의 장로교와 연계되어 있었기에,
평안도 출신의 월남자 기독교 지도자들은 막대한 기금을 유치하여
월남자 교회를 속속 지었고, 이 교회들은 반공 테러리스트들의
결집소가 되기도 했죠. 이런 양상은 한국전쟁이기에 더욱
파행적으로 나타나, 전국 곳곳에서 민간인 학살에 관여하기도
했습니다.

한편 박정희가 쿠데타를 일으켜 권력을 장악했을 때, 교회
지도자들은 미국에 사절단으로 파견되어 미국 공화당 계열의

보수적 인사들과 접촉하여 정권의 정당성을 설득하고 다녔습니다.
이후 교회 지도자들은 미국 보수 정계와 한국 정부 사이를
연결하는 매개자 역할을 해왔습니다. 한편 '조찬 기도회 정치'를
통해 국가와 교회 간의 보수주의적 네트워크를 통한 정교연대를
굳건히 해왔지요.

글: 말씀을 들으니 정교유착政教癒着은 꽤 오래전부터
진행되었고 그 내용도 어마어마하군요.

진: 익히 알려진 사실만을 열거한 것입니다. 이 몇 가지 사례
외에도 한국 사회 형성에서 교회의 부정적 역할은 매우 많았답니다.
그럼에도 최근까지 교회는 시민사회로부터 이렇다 할 비판을 받지
않았습니다. 1990년대 후반, 특히 2000년대에 와서야 시민사회와
교회는 불편한 존재로서 각인되기 시작했습니다.
　여론을 형성하는 여러 담론적 주체가 교회에 비판적 시각을
드러내기 시작했고, 무수한 추문을 폭로했으며, 역사적으로
부조리한 역할들에 관한 연구를 본격화했습니다. 그리하여 한국
개신교는 오늘날 가장 문제적인 종교 집단으로 각인되기에 이른
것이죠.
　그런 까닭에 오늘날 많은 기독교인, 심지어는 목회자조차도
자신의 종교성에 대해 수치심과 자괴감을 갖는 일이 많아졌습니다.
이런 현상에 맞물려서 기독교 내부에서 개혁에 대한 논의가 전례

없이 활발해졌고, 새로운 신앙적 실험의 도정에 들어서는 이들 또한 폭넓게 나타났습니다. 하지만 교회 권력을 쥐고 있는 세력은 그러한 개혁의 목소리에 더욱 폐쇄적으로 대응하고 있고, 사회에 대해 더욱 배타적인 행보를 보이고 있습니다. 이들은 더욱더 완고하고 자폐적이 되어가는 듯해요. 특히 개신교 엘리트 집단의 정치세력화를 향한 적극적인 행보는 정치적 공공성에 대한 사회적 합의를 교란시키는 데 일조하고 있습니다.

저는 이런 맥락에서 이명박 정권의 등장에 교회를 축으로 하는 극우벨트가 지대한 역할을 했다고 봅니다. 그것은 현 정부가 내재한 하나의 색깔로서 존재하며, 현 정부가 지닌 문제점의 한 축이기도 합니다. 고로 사람들이 느끼는 이명박 정부에 대한 피로감과 교회에 대한 피로감은 겹쳐져서 체감되고 있는 것으로 보입니다.

김진호. 제3시대그리스도교연구소 연구실장. 한백교회 담임목사와 『당대비평』 편집주간 역임. 주요 저서로 『시민 K, 교회를 나가다』『급진적 자유주의자들』『예수의 독설』 등.
khj55940@dreamwiz.com

인문우파를 위한 현실 가이드

교양과 지배의 불가능성에 대하여

최태섭

언데드 undead 인문학[1]

2006년 9월 고려대학교 문과대학 교수들은 "무차별 시장
논리와 효율성에 대한 맹신으로 인문학의 존립 근거가 위협받고
있다"고 선언했다. 이어 80여 곳의 대학이 참여한 인문대
학장단은 "오늘날 직면한 인문학의 위기가 인간의 존엄성과
삶의 진정성을 황폐화시킬 수 있음을 자각한다"고 말을 이었다.
대한출판문화협회도 인문학의 위기 선언에 동조하며 정부의
지원을 촉구했다.

어쩌면 예전부터 죽어 있었던(?) 인문학이 위기에 처했다고
선언한 것은 새삼스럽다. 그러나 위기 자체는 조금도 거짓이
아니다. 수많은 대학에서 벌어지고 있는 구조조정은 대부분 인문학
관련 학과의 통폐합을 주요 골자로 삼고 있다. 전공자들은 이제

'콘텐츠'나 '창작' 같은 단어를 포함하지 않고서는 대학 사회 내에 발붙일 수 없는 존재가 되었다. 그런가 하면 대중도 인문학에 등을 돌린 지 오래다. 세상은 이미 "무차별 시장 논리"와 "효율성"으로 돌아가고, "인간의 존엄성과 삶의 진정성"의 가치는 끝도 없이 하락 중이다. 그리고 인문학은 대중이 이런 무시무시한 현실로부터 스스로의 존엄을 지키는 데 조금도 보탬이 되지 못했다. 인문학이 한 일이라고는 가뜩이나 살기 힘든 대중에게 '그렇게 살지 마라'며 고압적으로 '꼰대질'을 하거나, 현란한 개념을 동원해 혼란을 가중시킨 것뿐이다. 덕분에 인문학은 논술이나 자기계발에 끼워 팔리지 않으면 사람들의 관심을 받기 어려워졌다.

그러나 최근의 상황은 인문학의 이러한 위상을 재고할 만한 여지를 남긴다. 2010년 서점가에서는 마이클 샌델의 저서인 『정의란 무엇인가』와 『왜 도덕인가』가 베스트셀러에 등극한 것을 비롯하여, 다양한 분야의 인문학 저서가 약진을 거듭했다. 또한 노숙자와 재소자를 비롯한 사회적 약자와 대중을 위한 인문학 강좌가 점차 호응을 얻으며 진행 중이고, 이 시대의 진정한 '사회 지도층'이라고 할 법한 CEO들 역시 인문학 강의를 듣고 있다. 이렇게 고사 위기에 놓여 있던 인문학은 무덤을 박차고 일어나 세상으로 걸어나오는 중이다.

대체 어디서 이 벼락불 같은 '수요'가 생겨났을까? 세상이 갑자기 시장 논리와 효율성에 대한 맹신을 멈추기라도 했다는 말인가? 그 세상이 내가 살고 있는 세상이 맞다면 상황은 오히려

더 악화되었다. 이제 우리 시대에 시장 논리를 뺀다면 대체 무엇이
남을지 오히려 궁금한 지경이니 말이다.

　결론부터 말하자면 오늘날 인문학과 연관된 현상들은 다분히
시장 논리의 자장 속에 존재하고 있다. 이는 단순히 인문학이
상품화되었다거나, 시장성이 떨어져서 도태되었다는 식의
이야기들과는 조금 다르다. 오늘날 인문학의 상황을 파악하기
위해서는 다소 아이러니한 그림을 그려야만 한다.

지식인에서 지식in으로

이야기를 시작하기 위해 먼저 지식과 지식인에게 무슨 일이
있었는가를 살펴보려 한다. 이름에서도 드러나듯이 지식인은
지식이라는 무형의 사물을 취급하는 전문가로서 오랫동안
존재해왔다. 그러나 지식인은 단순히 전문가에만 머물지 않았다.
왜냐하면 지식이란 세계관에 대한 것이기 때문이다. 종교와
신분제와 농경 중심의 전근대사회에서 과학과 계급과 공업 중심의
사회로 변했던 근대사회는 새로운 지식들이 있기에 가능했다.
'계몽enlightenment'이라고 이름 붙여진 지식인들의 세계를 향한
투쟁은 사람들의 삶을 송두리째 바꿔놓았으며, 사실상 세계 그
자체도 바꿔놓았다. 그중에서도 인문학은 '신'과 '왕'이 사라진
세계에서 인간이라는 존재의 존립 근거를 찾아낼 의무를 떠맡은
핵심 영역이었다.

그러나 근대적 지식 체계의 이러한 위상은 얼마 지나지 않아서 커다란 도전에 맞닥뜨린다. 특히 20세기에 들어서면서 인간의 이성에 대한 총체적인 회의가 곳곳에서 일어났다. 진리를 탐구한다는 지식인의 목적 자체가 의문에 부쳐지고, 지식이 만들어지는 방식과 근거들의 모호성과 자의성이 폭로되었다. '객관적'이라고 일컬어지는 지식의 편향성이 다방면에서 공격받는가 하면, 지식의 탐구가 어떻게 지배의 문제와 결부되어왔는가를 추적하는 작업도 등장했다. 이 비판들을 통해서 확인된 것은 인류의 지식이 진리로 향하는 곧은 걸음이 아니었다는 것이다. 그것은 들쭉날쭉하고 비틀거리는 걸음이었으며, 심지어 인류를 낭떠러지로 이끌 수도 있는 위험한 걸음이기도 했다.

때문에 이제 지식은 더 상대적이고 사회적인 것으로 인식되었다. 지식의 객관성 뒤에 가려져 있던 지식인의 주관성이 드러나기 시작하고, 그것이 지식의 객관성에 미치는 영향에 대한 논쟁이 벌어졌다. 인문학은 말할 것도 없고 자연과학을 비롯한 실증적인 학문마저도 이 논쟁을 피해갈 길은 없었다. 이런 변화에 대한 역반응(무시, 조롱, 반론, 예외주의 등등)도 거세게 일어났고 설득력을 지닌 것도 많았지만, 한번 흔들린 뿌리가 예전과 똑같이 존재하긴 어려웠다.

이런 지식 자체의 위기에 이어 지식인과 지식의 위상을 뒤바꿔놓은 것은 20세기에 발전했던 민주주의와 자본주의였다. 두 체제는 서로 다른 이유에서 20세기의 격변에 제대로 대처하지

못했던 지식과 지식인을 비판했으며, 그것들이 더욱 세속적이고
현실적으로 변해야 한다고 주장했다. 그 결과로 등장한 것은
'반지성주의'라고 명명할 수 있는 흐름이었다.

오늘날의 반지성주의는 실용주의와 평등주의가 기묘하게
접합된 산물이다. 우선 자본주의가 주장하는 지식의 실용주의적인
변화는 순수 학문과 이론보다는 공학적이고 상품화가 용이한
형태의 지식이 증가하는 것을 촉진했다. 또한 학문의 비판 기능을
최소화시키고 "기업의 이상에 필적하도록 교육과정과 연구를
더욱 선진적으로 수정"[2]하라는 압력을 지속적으로 가했다. 이
과정은 "지식인들을 개인들로서나 또는 억압받는 집단으로
통제하기보다는 시장의 힘을 통해서 그들을 조정하는 구조화된
교육기관의 역량"[3]을 통해 이루어졌다. 이는 오늘날 수많은 대학에
투입되고 있는 기업과 국가의 연구기금, 지식과 지식인을 평가하는
기준 및 제도의 변형이 생산되는 지식의 형식과 내용에 강력한
영향을 미치고 있음을 보여준다.

그런가 하면 지식과 지식인은 사람들이 20세기에 겪어야
했던 사회경제적인 격변에서 무능하거나 비겁한 태도를 보였다.
그중 일부는 아예 권력의 편에 서서 객관성과 지식을 통해 다양한
대중운동을 억압했으며, 투쟁에 힘이 되어야 할 반대자들은 굉장히
긴 시간 동안 멜랑콜리와 대안 없음의 상태 속에서 허우적대고
있었다. 나아가 지식인에게는 지나친 특권과 사회적 지위가
부여되었다. 이들은 별다른 노력 없이 존경을 받고 중요한 자리에

앉았다. 계몽주의의 권위적이고 가부장제적인 태도는 좌우를 막론하고 지식인과 대중 사이의 위계를 만들었고, 그들의 고압적인 태도에 사람들은 피로감과 분노를 느꼈다. 이런 상황이 누적되면서 지식과 지식인에 대한 대중의 인식은 다소 적대적으로 변해갔다.

이 두 개의 다른 배경과 목적은 지식과 지식인의 개념에 변화를 일으켰다. 지식은 이제 호불호가 갈리고, 유행과 패션이 되는 온전한 상품이 되었다. 또 한국의 '신지식인'이나 미국의 'TED'에서 볼 수 있듯이 학위를 경계로 하는 지식인과 비지식인의 구분은 허물어졌으며, 사람들은 백과사전보다 <위키피디아>를 더욱 신뢰한다. 지식의 가치는 얼마나 유용한 가로 판별되고, 쓸모없는 지식을 생산한 '구'지식인에게는 조롱을 동반한 퇴출이 명령된다.

한편 황우석이나 「D-WAR」, 최근의 '나꼼수' 사태에서처럼 마음에 들지 않는 지식인에게는 대중의 이름으로 처절한 응징이 가해지기도 한다. 이 몇 번의 싸움에서 새로이 등장한 지식인들의 대항마는 '전문가'다. 기본적으로 전문가는 전문 영역에 종사하며 복잡한 내부적 논의나 사정들을 설명하고 검증하는 역할을 맡는다. 그러나 이 '대對 지식인 항쟁'에서의 전문가는 논의의 본질을 흐리고, 구도를 음모론적으로 재편하는 사실을 제공하는 '권위 있는' 출처로서 종종 이용되었다. 전문용어와 업계 내부의 규약 같은 것들을 알리바이 삼아 전개되는 전문가 담론의 특징은, 사실상 담론 수신자인 비전문가들이 그 내용의 진의를 판별하기 어렵다는 것이다. 이 때문에 전문가가 소환된 논의의 대체적인 양상은 '누가 우리 편 전문가인가?'라는 것으로 귀결되기 십상이다.

결국 오늘날 긍정적인 의미의 지식인이라는 것은 대체로 다음과 같이 정리된다. '어려운 전문용어로 내 편을 들어주는 사람.'

구별짓기: CEO를 위한 인문학

이제 한국 사회에서 나타나고 있는 인문학의 부활(?)로 돌아와 보자. 지식은 돈이 되기 때문이든, 그 자체가 팔리는 것이기 때문이든 간에 어쨌든 상품이 되었다. 지식의 일부인 인문학도 마찬가지다. 인문학은 그동안 자신의 시장성에 대해 입증하지 못했기 때문에 고전을 면치 못했다. 그렇다면 인문학은 어떻게 갑자기 상품성을 발휘하게 되었을까? 어떻게 두꺼운 철학책을 들고 다니면 '허세' '잘난 척' '별난 사람'으로 매도되던 시대에서, 『정의란 무엇인가』를 너도나도 들고 다니는 시대로 순식간에 바뀐 것일까?

가능한 한 가지 설명은 시장 논리가 설파하는 단 하나의 진리, 즉 "돈만 많이 벌면 된다"가 극단으로 치닫는 것에 대한 반작용이 나타나고 있다는 가설이다. 대체 돈을 버는 사람은 누구인지가 궁금해질 만큼 빚지는 사람만 늘어가는 상황이 지속되고, 시키는 대로 착하게 살았음에도 기본적인 삶의 조건이 위태로워지는 이 시대에 대해 다르게 설명해줄 무언가가 요청되고 있다는 것이다. 한국을 방문한 마이클 샌델이 자기 저서가 지나치게 인기를 누리는 것에 대해 의문스러워하다가 "『정의란 무엇인가』의 인기는 한국 사회가 정의를 원하고 있다는 것"이라고 말했던 것과 비슷하다.

그러나 이 가설은 CEO와 자본가와 권력자들까지 인문학을 찾는 연유를 설명하지는 못한다. 점점 심해지고 있는 양극화 현상이 말해주듯이, 이들에게 필요한 것은 고통에 대한 해답보다는 표정 관리다. 이들은 더욱더 많은 돈을 벌고 있고, 권력은 돈을 따라가며, 법까지도 이들의 앞에서는 요가라도 한 듯 유연해진다. 이는 삼성의 이건희 회장이 김용철 변호사의 꼼꼼하고 자세한 폭로와 수많은 시민의 분노에도 불구하고 법정에서 대한민국을 상대로 승리를 거두었을 때 그리고 마침내 삼성전자의 회장으로서 경영에 복귀해 자신의 부활을 만천하에 알렸을 때 공식화된 진실이다.

그렇다면 대체 왜 한국의 사회지도층은 인문학의 문을 두드리고 있는가? 우리는 아마도 프랑스의 사회학자 피에르 부르디외의 개념인 '문화자본'이라는 것을 통해 이를 가늠해볼 수 있을 것이다. 부르디외의 문화자본은 경제적인 자본만을 의미하는 것이 아니라 지식, 교양, 기능, 취미, 감성, 문화적 (고급)상품, 학위[4]와 같은 것들을 일컫는다. 즉 대중가요와 클래식 음악, 와인과 소주, 키치와 진품, 볼펜과 만년필 같은 것들 간의 차이에 따라서 많거나 적어지는 자본인 것이다. 문화자본은 계급투쟁을 내포하고 있는데, 상층 계급은 더 고급스러운, 고전적인, 고가의, 권위 있는 취향을 향유함으로써 다른 계급과의 '구별짓기'를 시도한다. 즉, 이런 고급 취향에 대한 훈련으로 자연스럽게 갖게 되는 것은

지배계급이 단순히 돈이 많기만 한 '졸부'가 아니라, 원래부터 그런
삶을 누릴 법한 '귀족'인 것처럼 여겨지도록 하는 환경이다.

오늘날 더 큰 부자가 되어가고 있는 이들이나, 그 정도는
아니더라도 살 만한 이들이 인문학에 눈을 돌리게 된 것은 이런
귀족적 열망으로 풀이될 수 있다. 물론 귀족이 되겠다는 이들의
야무진 꿈은 그냥 나타난 것은 아니다. 이것은 한국 사회가 충분히
양극화되어 있고, 부자들이 돈이 아니라 다른 곳에서도 자신의
존재를 입증하려고 할 만큼의 여유가 생겨나기 시작했다는 것을
의미한다. 다시 말해 이들은 자신의 존재가 단순히 돈이 많은
사람이 아니라, 탁월함과 비범함을 갖춘 존재로 인식되길 원하고
있는 것이다. 여기 인문학의 역할은 '교양'이라는 전설 속의 덕목을
다시금 현 시대로 불러오는 것이다. 비록 인문학이 자본주의에
대하여 다소 비판적인 색채를 띠고 있더라도 크게 상관없다.
왜냐하면 그것은 부자들의 지위에 대하여 어떠한 위협도 가하지
못할 것이기 때문이다. 어차피 중요한 것은 내용보다는 제스처다.
인문학자들을 세워놓고 선생님이라고 부르며 경청하고, 고액의
강의료까지 주며 돌려보내는 CEO의 모습을 겸양과 겸손이라는
단어 말고 대체 무엇으로 묘사할 수 있단 말인가?

지배와 정당성 1 : 자본주의의 끊임없는 운동

그러나 문제는 이들이 얼마 못 가서 겪게 되는 난항이다. 가령

영국의 문화이론가인 테리 이글턴은 다음과 같이 말한다.

> (…) 그러나 아리스토텔레스는 인간이 된다는 것은 꾸준한 연습을 통해서 능숙해져야만 할 그 무엇이라고 믿었다. 마치 카탈루냐 말을 배운다거나 백파이프를 연주하듯이 말이다. 그 반면에 영국 신사에게 덕이 있다고 한다면(참으로 황공하게도 이들은 자신들이 그런 사람들이라고 자칭하곤 했다), 그 덕은 순전히 자연적으로 생긴 것이었다. 그러니까 품행을 단정히 하려고 노력하는 것은 상인 아니면 사무관이나 하는 일이었다.[5]

이 문제는 두 측면으로 나뉜다. 첫째는 우리가 현대 자본주의 체제를 살아가고 있다는 지점이며, 둘째는 한국의 지배계급이 영국 신사가 아니라는 지점이다. 첫 번째 곤란한 지점은 이들이 선취하고자 하는 위치와, 이들이 놓여 있는 위치 사이의 질적인 간극이다. 전근대의 귀족은 혈통을 통해서 전해 내려오는 자연적인 존재였다. 그래서 이들은 단지 태어나기만 하면 귀족이었고, 어떠한 삶을 살든지 간에 귀족으로서 죽음을 맞았다. 그러나 오늘날의 부르주아는 자식에게 에버랜드 주식을 물려줄 수 있느냐 없느냐의 문제로 판가름 난다. 과거 몰락한 귀족들이 세상을 떠돌며 부르주아의 교양 교사로 활약할 수 있었다면, 몰락한 부르주아에게 남은 것은 엄청난 빚뿐이다.

요컨대 우리는 "돈 많은 사람이 최고"라는 자본주의의

계급 질서가 부자들의 몰락까지 보호해주지 않는다는 사실을
떠올려야 한다. 이것은 이미 자본주의 초창기에 등장한 신흥
부르주아에서부터 내려진 새 시대의 저주이다. 자본주의 질서는
지위의 영속성이라는 지점에서 심각한 장애물을 가지고 있다.
돈(자본) 말고는 아무것도 자신의 탁월함을 증명할 길이 없다는
것은, 반대로 그것이 후세에게 이어지지 않거나 손해를 입었을 때
지금의 지위를 보장할 수 없다는 뜻도 된다.

문화자본의 획득이 지배계급의 관심사가 된 것은 이런 사정이
포함되어 있다. 모든 지배에는 정당성의 문제가 필연적으로
동반되는데, 이 정당성이 지극히 불안정한 기준인 돈으로밖에
보장되지 않을 때 피지배자는 더 많은 돈을 가진 이에게로
얼마든지 존경과 복종을 바칠 수 있게 된다. 인문학 열풍을 통해서
소환되는 교양은 지배의 불안정성과 인위성을 가리고 그것을
자연화하려는 시도다. 그러나 교양의 가치를 폐기시킨 것이 다름
아닌 자본주의였다는 것을 떠올려볼 때, 이 시도는 얼마 못 가
자가당착에 빠지게 된다.

자본주의는 반인종주의, 페미니즘, 노동자 문화,
언더그라운드, 아방가르드, 혁명과 같은 것들을 성공적으로
상품화했던 경력이 있다. 만약 교양에서 새로운 상품화의 씨앗이
보인다면 기꺼이 인문학의 무덤을 도굴할 준비도 되어 있다. 그러나
상품화된 교양은 그 이전 유럽의 귀족이 갖추었던 혹은 근대
초기의 지식인이 갖추었던 교양의 아우라는 얼마든지 이용하려

할 테지만, 그것이 결코 예전과 같을 수 없다는 사실은 감춘다. 즉, 교양이 충분히 훌륭한 변별력과 실제적인 힘을 가지고 작동하던 시절과 지금 사이에는 결코 뛰어넘을 수 없는 간극이 있다는 사실 말이다. 그 어떤 것도 고정점으로서 작동하지 못한다는 것은 상품에서 상품으로, 기호에서 기호로 끊임없는 운동을 계속해야만 하는 자본주의사회의 유일한 법칙이다. 다시 한번 이글턴의 말을 빌리자면 "냉담한 것은 자본주의이지 조직의 우두머리가 아닌 것"이며, "터번을 두른 사람이든 두르지 않은 사람이든, 휘황찬란한 진홍빛 조끼를 차려입은 사람이든 허리춤에 천 조각 하나만을 두른 사람이든, 그 사람을 소비자로 대할 때에는 엄청나게 공명정대한 것이 바로 자본주의"[6]인 것이다. 그래서 적어도 인문학에서 신참 소비자일 따름인 지배계급과 이미 인문학의 가장 선진적인 소비자인 중간계급 사이에는 오히려 역(逆)의 변별력이 작동한다.

지배와 정당성 2 : 포스트식민의 사정

두 번째 문제는 그들이 영국 신사가 될 수 없다는 것이다. 식민 통치와 해방 그리고 분단으로 이어지는 한국의 근대사는 철저하게 조선과 단절되었다. 인도에서 굳건히 작동되고 있는 카스트제도나, 유럽 왕실, 일본의 천황제와 같은 식의 제도들이 지난 수천 년간 신분사회를 유지해왔던 한국이란 근대국가에서는 남아 있지 않게 된 것이다. 이것은 한국 사회의 근대화와 연결되어 있다. 사회학자

조희연은 박정희 체제의 성격에 대해서 논하는 책인 『동원된 근대화』에서 다음과 같이 말한다.

> 필자는 지배의 전통이 단절된 상태(지배의 전통화 부재)에서 포스트식민지적 지배의 동의 기반이 재구축되어야 했는데—바로 그 이유 때문에—포스트식민지적 지배 권력이 안정적인 동의 기반을 향유한 적이 없었고, 민족적·인종적 동질성에 기인하는 강력한 평등주의적 전통(이것 자체가 지배의 단절의 반영이기도 하다)의 영향으로 박정희 지배 체제의 동의적 자원이 대단이 적었다는 점을 지적했다.[7]

이것은 한국 사회가 근대화를 단절로서 체험했다는 사실을 말해준다. 이 단절은 한국의 근대화를 일본이나 미국 혹은 유럽이라는 기준 사이의 투쟁의 장으로 만들었다. 전통은 그것에 대한 제대로 된 비판과 섬세한 계승 과정을 거치지 못하고 지배 세력의 목적에 따라 이리저리 가공되었다. 이에 맞서 우리 것을 주장했던 이들도 근대 국민국가 건설이라는 발전주의적 세계관에서 크게 벗어나기 어려웠다.

한국 사회의 부르주아는 식민지 부르주아라는 근본적인 결함을 가지고 있다. 부르디외의 문화자본론은 사실 한국 사회에서는 그대로 적용하기가 불가능한데, 왜냐하면 여기에는 귀족적 전통이 없기 때문이다. 한국 사회의 귀족적 전통은 조선

말기의 신분제도 자체가 동요하고 식민 통치와 해방 및 건국을
통해 소멸되다시피 했다. 그래서 오늘날 귀족이 되기 위해 노력하는
이들은 한국 사회가 아니라 선진국의 전통에서 찾는다.

그러나 이 선진국이 미국인지, 일본인지, 유럽인지는 저마다
다르다. 어떤 이는 다도 같은 일본식의 속물적인 예법에서 찾고,
다른 이는 교양인이라는 유럽식 모델을, 또 다른 이는 끊임없이
혁신하는 미국의 기업가 정신을 그 모델로 삼는다. 그러나 이 셋은
결이 전혀 다르고 심지어 상호 논쟁적이다. 이들이 오늘날 평화롭게
공존할 수 있는 이유는 자본주의 질서라는 메타적인 질서의
공평무사함 덕분이다. 그 질서 자체를 문제삼지 않는 한 자본주의는
모든 이에게 가진 만큼의 존경을 보내기 때문이다.

게다가 이런 공평무사한 존경은 이미 그 장 안에 포함되지
않은 이들에게는 작동하지 않는다. 오늘날 세계에서 졸부의 역할을
맡고 있는 이들은 제3세계의 신흥 부자들이다. 일본의 급부상에
대한 서양의 두려움 섞인 조롱은 이제 한국과 중국을 비롯한
후발주자들에게로 향하고 있다. '교양 없고, 끊임없이 일을 하고,
돈을 밝히는' 이 괴물 같은 유색 인종을 위한 자리는 이들이 얼마나
훌륭하게 근대화(혹은 서양화)되었는지를 입증하기 전까지는
마련되지 않는다. 결국 한국 사회에서 벌어지는 것은 자본주의
질서하에서 이미 무력화된 귀족 문화의 복제들, 결국 복제의
복제들끼리의 싸움일 따름이다.

자본주의적 농담: 이건희 vs 스티브 잡스

자본주의 세계가 제공하는 결말 없는 불안정함, 식민지
부르주아라는 글로벌한 전형은 한국의 지배 세력이 진정한
귀족으로 거듭나는 것을 방해하고 있다. 게다가 이미 자본주의에
충분히 적응한 대중은 기업이 감히 소비자에게 대드는 것을 결코
좌시하지 않는다. 자본주의는 소비자라는 존재 앞에서 만큼은
'누구에게나'라는 평등의 언어를 작동시킨다. 오늘날 잘 발달된
소비자의 욕망은 한국의 기업과 거대 자본을 당혹스럽게 하고 있다.

가령 아이폰과 아이패드는 어느 날 갑자기 정치적인 사물로
변했다. 대중은 선진 자본주의의 신상품인 아이폰과 아이패드를
소유하고 싶다는 지극히 자본주의적인 욕망을 품었다. 그러나
이것은 한국 이동통신사와 핸드폰 회사 그리고 정부기관의 담합
구조 속에서 좌초될 위기에 처했다. 그러자 대중은 그간 드러나지
않았던 이 담합 구조를 기꺼이 파헤치고, 대기업과 정부를 향한
조직적인 반대를 시작했다. 이들은 한국의 대기업과 정부의 후진
자본주의를 미국의 선진 자본주의를 통해 규탄했다. 이 과정은 진보
정치나 좌파가 개입할 여지가 거의 없이 새로운 자본주의에 대한
욕망이 낡은 자본주의를 구축하는 방식으로 이루어진 것이었다.

이는 이건희와 스티브 잡스라는 두 자본가에 대한 인식에서도
드러난다. 오늘날 대중은 스티브 잡스를 통해 이건희를
비판한다. 이 둘은 기업을 경영하고 이윤을 내야 하는 사명을
가진 경영자이자 자본가라는 점에서는 조금도 차이가 없다.

그러나 잡스가 자신의 흥망성쇠와 검소한 스타일 그리고 뛰어난 프리젠테이션 능력을 통해서 아메리칸드림의 수명을 연장하고, 그 자신을 아이폰 못지않은 상품으로서 체현했으며 이른 죽음으로 전설이 된 반면, 이건희는 자신이 지닌 어떤 특권의 위치를 결코 저잣거리의 대중이 범접할 수 없는 곳에 올려놓는다. 잡스가 소비자에게 물건을 팔기 위해 자신을 기꺼이 상품으로 내주는 반면, 이건희는 자신의 생산물과 자신을 분리시키고 그 자신은 자본주의 사회의 영원한 비매품으로 남고자 하는 것이다.

오늘날 한국 우파의 가장 큰 착각은 바로 이 지점에서 나타난다. 대중은 '반기업정서'나 '좌파의 책동' 같은 것 때문에 정부와 대기업에 반감을 갖는 것이 아니라, 그들이 대중의 욕망을 만족시키고 있지 못하다는 것 때문에 반감을 가진다. 이들은 자본주의가 허락하는 소비자로서의 평등을 극한까지 밀고 나가며, 모든 것이 예외 없이 상품이 되어야 한다고 주장하고 있는 것이다. 가령 2011년 최고의 화제를 몰고 다녔던 프로그램인 MBC 〈나는 가수다〉의 초창기에 벌어진 김건모의 탈락 번복에 대한 대중의 반응을 떠올려보자. 대중은 당시 출연자 가운데 가장 연장자이자 베테랑 가수인 김건모의 탈락에 눈물로 번복을 호소하는 후배들과 예외를 받아들인 방송국에 대하여 맹비난을 퍼부었다. 이들은 소비자인 대중이 직접 도태를 결정한 상품을 출연자들만의 논리로 부활시키는 것에 대해 분노했다. 이는 대상이 데뷔 20년차의 가수이건 아니면 아직 데뷔도 하지 않은 가수 지망생이건

생존경쟁이라는 시장의 규칙은 모든 곳에 엄정히 적용되어야 하며, 스스로를 상품으로 내놓은 이상 모든 처우를 감수해야 한다는 것이다. 이후 〈나는 가수다〉가 경쟁과 패배 그리고 탈락을 아무런 무리 없이 받아들이는 시스템을 구축했음은 말할 필요가 없을 것이다. 결국 우리의 자본주의가 제공하는 지독한 역설은 사실상 그 질서의 가장 최상층에 존재하는 이들에게마저도 영원한 안식이란 없다는 것이다.

그리고 인문학

이 역설은 갑자기 찾아온 인문학 열풍의 주요한 주제와 만난다. 공정사회, 정의, 공감, 소통과 같은 주제가 지시하는 것은 '공정한 경쟁'이라는 자본주의적 질서의 확립이다. 즉, 불안정성이라는 배경은 바뀌지 않은 채로 승리자의 상승과 패배자의 하강이 명확한 규칙에 따라 진행되어야 한다는 '강철의 규칙'에 대한 열망이 이 열풍의 중심부에 자리 잡고 있다.

그래서 이 열풍에는 자본주의에 대해 근본적인 비판을 가하는 인문학의 자리가 생각보다 별로 크지 않다. 나아가 이 비판들이 이미 자본주의의 훌륭한 담지자인 대중의 필터링을 거쳐 전혀 다른 방식으로 전유될 가능성도 높다. 오늘날 위력을 발휘하는 것은 지루한 맥락이 아니라 트위터의 140자이고, 그것은 정확하게 무엇을 의미하는지 잘 알 수 없는 '제스처로서의 소통'이다.

인문학의 외연은 분명히 확장되겠지만, 그 기능까지 회복될지는 알 수 없는 노릇이며, 대중이 언제 인문학에서 등을 돌리고 새로운 유행을 개척해나갈지 역시 알 수 없는 상황이다.

어쨌거나 이것이 인문학에 주어진 기회라는 사실은 명확하다. 그러나 인문학이 해야 할 일은 대중이 하고 싶어하는 이야기를 어려운 개념으로 대신 말해주는, 말 그대로 포퓰리즘적인 방식이어서는 안 될 것이다. 인문학은 대중의 눈높이와 욕망을 명확하게 포착하려는 노력을 기울임과 동시에, 그것을 넘어서 자본주의의 근본적인 불안정성과 그 한계를 규명하고, 이를 다시 대중에게로 되돌리는 길을 모색해야 한다. 이탈리아의 마르크스주의 혁명가였던 안토니오 그람시의 말처럼 우리에게 필요한 것은 대중의 상식에 준하여, 그러나 대중의 상식을 넘어서서 새로운 양식을 지향하는 투쟁이다.

미니 인터뷰

최태섭을
만나다

누구는 "인문학만이 희망이다"라고 말한다. 온라인상에서 다른 누군가는, '잉문학'(잉여+인문학)이란 표현을 통해 한국에서 인문학을 공부한다는 것의 현실을 자조적으로 표현한다. 이처럼 같은 하늘 아래 인문학을 바라보는 시선은 다르다. 과연 인문학은 무엇인가? 최태섭은 4장에서 추상적으로만 설명될 위험이 있는 인문학의 존재론 대신, 인문학이 오늘날 자본주의와 절합된 구체적 현실을 보고자 했다. 특히 왜 자본가들이 인문학에 몰두하는지, 그들의 속내가 무엇인지 분석하면서 자본주의 질서를 공고히 하는 데 이바지해버린 인문학의 위상을 들춰낸다. 인문학, 인문학, 인문학……. 오늘날 횡행하는 '인문학적' 이란 개념은 과연 무엇일까? 궁금증을 가지고 천천히 질문을 던졌다(인터뷰어는 '글'로, 답변을 해준 필자 최태섭은 '섭'으로 표기했다—편집자 주).

인문학이라는 언어 게임과 출판사

글: 인문·사회과학 편집자로서 고충이 하나 있습니다. 책이
나오고 보도자료를 쓸 때, '인문학적으로 대단한……'으로 시작하는
수사를 집어넣어야 독자들이 끌릴 것이라는 일반적인 출판계
의식에 내가 복속해야 하는가라는 지점입니다. 인문학이 하나의
언어 게임이 되면서 '인문학적'이란 표현의 인플레가 있는 것은
아닌가라는 생각입니다.

섭: 인문학이라는 학문 자체가 갖는 모호한 지점들도 이런
혼란스러움에 영향을 주었겠으나, 오늘날 인문학이라는 개념의
규정을 주도하는 것은 인문학자들이라기보다는 출판시장에 가까워
보입니다. 따지고 보면 이미 상당히 잦아든 인문학 열풍이라는 현상
자체가 인문학과의 유기적인 연결을 통해서 벌어졌다기보다는
몇몇의 스타 작가를 중심으로 하는 시류를 쫓는 시장에 가까웠기
때문에, 그 개념이 첨예화되기보다는 뭉뚱그려지는 것이 다소
필연적인 일은 아니었을까 생각합니다.

글: 사람들과의 대화에서도 그렇습니다. 책 좀 읽는 사람들
사이에서도 '인문학적으로 훌륭하다' '인문학적인 접근이
필요하다'는 식의 커뮤니케이션 형태가 잦다는 생각입니다. 저도
자주 쓰는 편이구요. 제가 말해놓고 제 스스로 신기해합니다.
최태섭씨가 접하는 일상 속의 인문학은 어떤지요. 여기 실린 글과

관련하여 더 말할 시선이 있다면요.

섭: 글쎄요……. 제 일상의 인문학이란 대체로 내 삶이
왜 이 모양 이 꼴인가를 설명할 때 주로 쓰입니다(웃음). 반쯤
농담이지만, 어쨌거나 인문학적이라는 개념이 상당히 모호한
것은 사실입니다. 반자본주의 투쟁을 인문학적으로 할 수 있는
반면, 경영도 인문학적으로 할 수 있고, 자기계발이나 취업에
도움이 되는 인문학과 급진적 사상들이 모두 인문학으로 분류되고
있습니다(가령 황광우, 이지성의 『고전혁명』 같은 책이 이 부조화를
단적으로 드러낸다고 봅니다).

　인문학적이라는 표현이 실제의 인문학과 그다지 강한
연결성을 갖고 있는 건 아니라고 생각해요. 이건 그냥 '올
여름에는 비치는 소재의 언밸런스한 롱스커트가 유행 중'이라는
말과 비슷한 무게를 갖는 말로 사용되거나 해석될 여지가 큰 것
같습니다. 인문학적이라는 단어가 맥락 없이 남발되고 있지만,
딱히 인문학의 위상이 올라가고 있는 것 같지는 않으므로 차라리
스태그플레이션이라고 표현하는 게 좋지 않을까요?(웃음)

반지성주의

글: 글에 언급된 반지성주의에 대해 묻습니다. 인문학 열풍에
우려를 보이는 분들(특히 대학원 사회 내 구성원들)은 자신들이

어렵게 공부한 지식이 쉽게 가공된 형태로 나와 사람들이 이야기를 아무렇지 않게 주고받는 것을 좀 기분 나빠하는 것 아닌가 생각해볼 때가 있었습니다. 반지성주의라는 개념은 그런 아카데미 영역에 있는 이들의 나쁜 기분을 살며시 숨기면서 그들이 대중은 더더욱 지식 수용의 편의성만 찾는다는 쪽으로 명제를 구성해버리는 건 아닐까요. 이에 대한 솔직한 의견을 듣고 싶습니다.

섭: 물론 인문사회계열 대학원생들의 '멘붕(멘탈붕괴)'은 어제오늘의 일만은 아닙니다. 연구자로서의 진로도 그렇거니와 먹고살 수 있느냐 없느냐라는 문제가 계속해서 대학원생들을 괴롭히고 있기 때문입니다. 공부한 내용을 바로 써먹지도 못하고, 취직은 오히려 어려워지고, 읽고 써야 할 것은 아직도 산더미처럼 남아 있으니…… 때때로 대학원생들이 패악질(?)을 좀 부리더라도 하해와 같은 마음으로 이해를 좀 해주는 게 좋을 것 같습니다(웃음).

그런데 저는 반지성주의가 단지 학문 사회에 속한 연구자들의 기분 나쁨이 내재된 상태로 이름 붙여진 개념은 아니라고 생각합니다. 사실 학계에서 반지성주의라는 단어는 금기어에 가까웠어요. 왜냐하면 예전부터 대중에 대한 엘리트주의적이고 교조적인 학계의 시각을 반성하려는 성찰적 시도들이 지속적으로 있어왔고, 지식인의 지위 역시 이전과 매우 다른 위상을 갖게 되었기 때문입니다. 물론 '대중의 우둔함'을 은연중에 지적하려는

시도가 없는 것은 아니겠으나, 이것이 주류적인 흐름이라고 보기는
어렵지 않은가 생각합니다.

사실 제가 말하는 반지성주의는 근대적 지식체제에 대한
역반응 현상에 가깝습니다. 가령 한국에 존재하는 정치인 혐오와
비슷하게 지식인 혐오가 존재하는 것이죠. 물론 이것은 역사적으로
지식과 지식인들이 해왔던 일에 대한 가능한 대응이고, 충분한
근거도 있습니다. 그러나 반지성주의가 어떤 모순적인 인식틀을
기반으로 하고 있다는 것 역시 사실입니다.

제 입장은 이런 반지성주의의 문제를 탐구하는 것은 계몽의
관점과 대중의 자체 구제라는 대립적인 입장을 넘어서서, 이를
하나의 현상으로 파악하고 그 결을 날카롭게 읽어내려는 시도가

필요하다는 것이라 할 수 있습니다.

아이러니와 절단

　글: 최태섭씨는 『열정은 어떻게 노동이 되는가』의
공저자이기도 했습니다. 그 책은 오늘날 한국 사회가 젊은이들의
열정을 '창의'라는 감정과 더불어 어떻게 최신의 자본주의적
구성물로 만들어버리는지 잘 분석한 책이었다고 생각합니다.
그러나 4장의 논의를 따르자면, 아이러니하게도 이 책은 '힙한'
인문학적 트렌드 소비에 능한 기업가들의 먹이가 될 공산이 크다고
봅니다. 흔히 우리가 여기서 '다른 삶'에 대한 지향을 이야기하며
사람들이 욕망하는 그 대세와 결별할 수도 있지만, 과연 『열정은
어떻게 노동이 되는가』 같은 책이나, 이번 4장의 논의를 자신의
친구와 지인에게 직접 실천하라고 강권할 수 있을까요. 진부한
질문일 수 있지만 여전히 그 실천의 불가능성이 두렵습니다. 우리는
과연 지금 이 세계가 요구하는 것들과 '절단'할 수 있을까요.

　섭: 저 자신이 분열증적인 삶을 살고 있는데 누구보고
단절이니 절단이니 하겠습니까. 사실 지금으로서의 제 입장은 그
분열증이라도 똑바로 쳐다보고 생각해보자는 정도랍니다. 따지고
보면 『열정은 어떻게 노동이 되는가』나 이 글이나 모두 실천의
측면은 별로 들어 있지 않습니다.

『열정은 어떻게 노동이 되는가』를 출간한 뒤 두 번의 곤란한 청탁을 거절한 적이 있었어요. 한 번은 자기계발/동기부여 쪽의 유명한 잡지였고, 또 한 번은 한 기업의 사보였습니다. 책이 내 의도대로 읽히지만은 않는다는 것은 일정 부분 감수해야 하는 것 같았습니다. 그런데 한편으로는 책 제목으로 검색을 했을 때 사람들이 개인 블로그 같은 곳에 써놓았던 리뷰들을 보았는데, 충격이나 분노, 공감을 느꼈다는 이야기들이 절절하게 적혀 있었습니다. 그런 것을 보면 내가 행한 작업이 아예 헛것은 아니었구나라는 생각이 들었습니다. 책을 읽는다고 당장 '열정 파업'을 할 수는 없겠지만, 무언가를 문제로 인식하고 나면 그다음부터는 더 많은 문제가 보이게 됩니다. 그리고 그렇게 문제들을 파악하는 게 모든 것의 시작이라고 생각합니다.

'반灰'을 소비하는 기업가 정신

글: 4장의 논의를 계속 이어보자면 기업가들이 자본주의적 질서에 대한 '친자본주의적' 지식을 습득하기도 하지만, 오늘날 기업가에게 요구되는 건 자신들이 속한 자본주의적 질서의 '반자본주의적 지식'까지 소비하는 그 능동성과 적극성 같아 보입니다. 거친 예이긴 하지만 유명 모 패션 회사가 지젝의 방한을 추진한 것에 대해 말이 많았습니다. 이런 사례가 바로 최태섭씨가 문제화하는 지점인 것인가요. 이처럼 기업가적 이미지를 지나치게

선명하게 지젝이란 진보적 지식인과 대조하는 작업은 속된 말로 '구린' 시선일까요.

섭: 익히 알다시피 오늘날 자본은 축적에 실제적인 영향을 끼치지 않는 한에서는 어떤 이념이든 받아들이는 포용력을 갖고 있습니다. 게다가 양극화와 자본의 집적이 점점 심해지고 있는 형국이다 보니, 자본(가)들의 자의성 같은 것도 점점 더 도드라지는 것 같습니다.

사실 세미캐주얼을 파는 의류업체에서 지젝을 초빙하는 게 무슨 마케팅상의 이득이 있을까요? 지젝이 한국에 온다고 해서 갑자기 계급투쟁이 번성하게 될 것도 아니고, 반대로 기업이 지젝을 초빙한 효과로 대박이 날 것도 아닙니다. 이것은 그냥 하나의 해프닝이라고 봐요.

마케팅에서 상품이 곧 내용인 시대는 지났다고 봅니다. 의미의 확실성? 고정성? 그런 건 없습니다. 인문학의 위상도 결국 마찬가지죠. 결국 인문학은 아무 의미도 없는 상태입니다. 아무것도 지시하지 않아요.

사실 제가 글에서 지적하고 싶었던 지점은 자본주의가 반자본주의적 지식들을 전유하여 축적을 위해 활용한다는 지점, 이와 동시에 반자본주의적 지식들 자체가 어느 순간부터 자본주의에 별다른 위협으로 여겨지지 않게 되었다는 지점입니다. 자본과 그 나머지 것들 사이의 힘의 분배는 점점 극심하게

불균등해지고 있으며, 그 가운데서 발현되는 자본가들의 특별한
취미생활이 이러저러한 방식으로 벌어지고 있는 것이죠. 인문학이
성공을 가져다준다고요? 이미 성공한 사람들의 성과물에
인문학이란 보기 좋은 놈이 우연히 얹혀 있던 건 아닐까요?

인문학을 향한 좌파의 전략

글: 인문학 열풍에 대한 메타비평 속에서 좌파가 인문학
열풍의 비판적 목소리를 높이는 것 말고 대안적 실천을 보여주는
지점 혹은 전략으로는 무엇이 있을까요.

섭: 제가 생각하기에 인문학이 뭔가의 역할을 하기 위해서는,
먼저 대중의 상식에 대한 면밀한 파악이 필요하고, 그래서 대체
지금 무슨 일이 벌어지고 있는지 가감 없는 탐색을 해야 한다고
봅니다. 아울러 이렇게 파악된 것들에 기반한 이론과 논리가
만들어져야겠죠. 그리고 중요한 것은 이런 이론과 논리가 학계라는
하나의 집단 속에서만 회전을 해서는 안 된다는 것입니다. 그러므로
현실에 대한 인식을 바탕으로 만들어진 이론과 논리가 다시 현실로
돌아갈 수 있는 노력을 반드시 기울여야 합니다.

최태섭. 자칭 투명좌파. 성공회대학교 사회학과 대학원 박사과정 재학. 저서로 『열정은 어떻게
노동이 되는가』(공저)가 있으며, 경향신문 「2030 콘서트」 필자로 활동 중. @zntmp

멘토,
최첨단 자본주의를
이끌다

박연

멘토라는 말이 유행한 지 꽤 됐다. '이 시대의 멘토' 스티브 잡스, '멘토 요리사' 에드워드 권, 도전자들의 외모 콤플렉스를 자신감으로 바꿔줄 '성형 멘토', '완전한 인격자이자 영원한 멘토'이신 예수까지. 많은 사람이 멘토를 다양한 의미로 쓰고 있다. 우리는 안철수와 박칼린 등 부드럽고 친근한 이미지를 가진 사람들을 멘토의 전형이라고 착각하기 쉽지만, 한 경제 월간지에 따르면 중소기업 CEO들이 가장 멘토로 삼고 싶어하는 인물 1위가 이건희라고 한다.

멘토 열풍은 과잉되어 있기 때문에 각각의 사례를 일반화하기에는 예외가 수없이 많다. 그렇지만 분명한 것은 멘토라는 호칭이 꽤 기분 좋게 들린다는 것이다. 이것은 생각보다 중요한 문제다. 똑같은 사람도 교수님이나 선생님라고 할 때보다 멘토라고 할 때 훨씬 인격적이고 능력 있으며 심지어 젊다는 인상마저 준다. 왜 그럴까? 멘토 하면 떠오르는 반대말은 '꼰대'다. 그리고 꼰대는 우파의 상징으로 여겨지기도 한다. 이러한 공식이 굳어진 것은 현실의 MB라는 존재 때문이다.(386이나 <나는 꼼수다> 같은 세력 또한 꼰대 역할을 하지만 언제나 상석에는 MB나 '도지사 김문수' 같은 새누리당 인사가 버티고 있다.)

사람들은 경제위기에서 나라를 구할 '아버지'를 원했고 MB를 뽑았다. 그런데 뽑아놓고 보니 아버지는 지나치게 독단적이었다. 이를 예상하지 못했던 것은 아니다. 사람들은 박력 있는 리더를 원했다. 하지만 문제는 MB가 결과적으로 경제를 살리지 못했다는 것이다. 무능한 데다가 부도덕하고 권위적이기까지 한 MB에 대한 반감은 능력 있으면서 자상하고 인간적인 아버지에 대한 열망을 불러일으켰다.

아직 경제가 좋아지지 않았기 때문에 여전히 아버지는 필요하지만, 무엇보다 아버지는 인격이 훌륭해야 했다. 능력 있으면서도 소탈한 이미지의 안철수나 젊은이를 위로하면서 대화를 시도하는 『아프니까 청춘이다』의 김난도는 이 지점에서 인기를 끌었다. 멘토는 꼰대에 대한 반감을 통해 사람들의 호감을 샀다. 웃기게도 멘토라는 말에 따라붙는 모든 속성(수평적인 관계, 위로, 소통, 친근함, 인격적으로 훌륭함, 지혜로움 등)은 하나같이 MB적인 속성과 대비되는 것들이다. 예를 들어 MB가 광장에 몇 명이 모였든 상관없이 광장에 운집한 사람들의 귀를 틀어막는다면,

멘토는 SNS를 통해 실시간으로 사람들과 소통한다. MB가
자신의 성공 경험을 권위로 삼는다면, 멘토는 자신의 실패 경험을
들려주면서 멘티와 비슷한 눈높이에서 공감을 끌어낸다. 이러한
대비로 인해 멘토는 묘하게 진보적인 뉘앙스를 얻게 된다. 다음은
멘토를 옹호하는 한 기사 내용이다(자세히 보면 꼰대에 대한 묘사가
MB의 속성과 일치한다).

> 꼰대와 멘토의 차이는 무엇일까요? 꼰대의 대표적인
> 특성은 자신의 경험을 일반화한다는 것입니다. '내가 해봐서
> 아는데'라는 어법이 대표적입니다. 또 하나의 특징은 자신의
> 말만 하지 상대방의 이야기를 도통 들으려 하지 않습니다. 또
> 다른 특징은 항상 이중적인 잣대를 들이댑니다. '자신이 하면
> 로맨스, 다른 사람이 하면 불륜' 식입니다. 그래서 꼰대는 늘
> 입으로 실천합니다. 반면 멘토는 몸으로 직접 실천합니다.[1]

위 글에서는 멘토와 꼰대를 비교하면서, 멘토를 꼰대의
나쁜 속성이 없는 긍정적인 대상으로 옹호한다. (이 기사에
교묘하게 전제된 '반MB'는 멘토를 긍정할 수 있는 중요한 근거이다.)
인용문에서는 처음부터 끝까지 꼰대와 반대되는 특성을
제시하면서도 정작 멘토가 '무엇을' 실천하는지에 대한 이야기는
없다. 구체적인 내용은 비어 있고 모든 것을 반작용으로서
긍정한다는 점에서 멘토에 대한 열망은 반MB가 모든 사회 문제를

해결할 대안이라는 믿음과 닮아 있다.

　이 글에서는 반MB로 모든 세력이 통합되고 모든 의견이 뒤섞여버린 상황에서, 마치 진보적인 것처럼 포장되고 있는 우파적인 논리를 멘토 현상을 분석함으로써 드러낼 것이다. 결론부터 말하자면, 멘토는 최신식 자기계발의 전도사이다. 자기계발의 핵심은 성공이라 할 수 있다. 여기서 성공은 자본주의 사회에서 가능한 한 높은 위치에 도달하게 되는 상태를 의미한다. 똑같이 공부를 하더라도 아무런 목적 없이 한다면 자기계발이 아니다. 애초부터 자기계발은 자본주의의 동원 논리로 작동한다. 그러므로 자본주의 체제가 발전하는 것과 더불어 자기계발의 방식도 진화한다. 멘토는 의도하든 하지 않든(중요한 것은 멘토 개개인의 진정성이 아니라 멘토 현상이 작동하는 구조를 보는 것이다) 이러한 변화를 매개하는 주체다. 최근의 멘토가 상징하는 것은 동시대 자본주의에 걸맞은 최신식 자기계발의 방식이다.

　이 과정을 구체적으로 분석하기 위해 멘토 현상을 2000년대 중반 사교육에서 유행했던 멘토, 2000년대 후반 '빈곤의 대물림을 막자'는 취지로 실시된 대학가의 저소득층 멘터링, 최근 젊은이들 사이에서 광범위하게 대중화된, 김난도의 『아프니까 청춘이다』를 필두로 한 '셀레브리티 멘토'의 출현으로 나눠 살펴보고자 한다.

사교육 멘토의 강령: "그냥 열심히 공부만 해!"

1990년대 후반에서 2000년대 초반 사이에 멘토는 주로 기독교 서적에서 볼 수 있는 단어였다.(전도사라는 비유를 괜히 연상한 게 아니다.) 멘토가 멘티를 양성한다는 뜻인 멘터링mentoring은 신자를 길러내는 교육 방식이었다. 어쨌거나 이 시기에 멘토는 일부 분야에서만 사용된 잘 알려지지 않은 단어였다. 2000년대 중반 멘토는 사교육을 통해 대중화된다. 2005년에 한 교육 잡지에 게재된 글에서는 대안교육 현장에서 쓰이던 멘토라는 말이 사교육 때문에 오염되었다고 비판하고 있다.[2] 이 시기의 멘토는 '교육 컨설팅' 혹은 '학습 매니지먼트'의 기능을 수행했다. 멘토는 기존에 과외 교사나 학원 강사가 부분적으로 수행했던 학습 관리의 역할을 전문적으로 담당했던 것이다. 왜 이러한 수요가 생겨난 것일까.

<그림 1>은 2004년에 설립된 대표적인 멘터링 사이트인 '와이즈멘토'[3]의 비전을 설명하는 것으로, 멘터링이 등장하게 된 사회적 배경을 잘 보여준다. 90년대를 거쳐 정부는 한국 경제가 나아가야 할 방향이 지식기반경제라고 진단한다. 지식기반경제란 탈산업시대에서 지식을 창출할 수 있는 인적자원이 중시되는 상이었다. 그래서 정부는 인적자원을 길러내는 데 몰두하기 시작한다.(2001년에 교육부가 교육인적자원부로 개칭된 것은 이 변화를 잘 보여준다.) 제7차 교육과정은 공교육에 자유와 창의성을 부여하면서 이러한 작업의 발판을 만들었다. 사립대학은 정부와 같은 방향을 바라보며 변화하는 경제 상황에 걸맞은 입학전형을

〈그림 1〉 한 멘터링 사이트의 비전

급부상하는 진로교육 시장
- 입학사정관계
- 자기주도 학습전형
- 09 개정 교육과정
- 글로벌 진로 확대
- 학습시장 포화
- 취업난 심화
- 유명직종 부침

압축된 잠재 수요
- ·적성파악
- ·학과목표 선정
- ·작업목표 선정
- ·진료설계

- ■ 기존 학교·학원에는 진료 교육 수요를 흡족할 솔루션 없음

- ■ 잠재 수요를 소비로 이끌어 낼 역량 있는 공급자가 절대적으로 유리

Wise Mentor

우수 공급자의 요건

지적재산
- ·과학적/실용적 적성검사도구
- ·학과별 특성 지식 축.
- ·미래 유망직업 분석 및 예측
- ·입학-취업(창업) 로드맵 구성

경영역량
- ·사업화 역량 기술우위 달성, 판매채널 확보
- ·스스템 구축
- ·대고객 거큐니케이션 능력
- ·인적자원 확보
- ·공익성과 수익성의 조화 능력

출처:와이즈멘토(www.wisementor.net)

개설하기 시작했다. 2000년대 중반에 우후죽순 생겨난 각종 '글로벌 전형'은 정부와 기업, 대학의 협업을 잘 보여준다.(극단적인 예로 맞춤식 경영을 교육하기 위해 만들어진 성균관대 글로벌경영학과가 있다.) 변화하는 입시에 대비하기 위해서는 책상에 앉아서 열심히 공부하는 것만으로는 부족했다.

중요한 전환점은 노무현 정권의 '죽음의 트라이앵글^{수능과}

내신, 논술 중에서 어느 장단에 맞춰야 할지 모르겠다는 의미에서 붙여진 이름이다'이었다.

2000년대 중반 노무현 정권은 사교육의 과열을 막아 교육 기회를 평등하게 분배하겠다는 야심을 바탕으로 교육 개혁을 실시했다. 하지만 그 결과는 의도와 딴판이었다. 새로운 교육정책은 수능의 변별력을 낮추고 내신과 논술의 비중을 높이는 것을 주요 내용으로 했다. 대학은 수능으로 선발하는 정시 대신 수시의 인원을 늘렸고, '통합논술'이라는 이름의 새로운 논술 유형을 발표하기도 했다. 전통적인 시험인 수능 말고도 준비해야 할 것이 많아지고 입시가 불확실해지자, 학생과 학부모들은 공황 상태에 빠졌다. 그러자 자연스럽게 교육 컨설팅 업체들이 뜨기 시작했다. 컨설팅 업체에서는 무엇을 준비해야 하고 무엇은 하지 말아야 하는지 조언해주었다. 생활은 어떻게 관리해야 하며 자기소개서는 어떻게 써야 하는지 총체적인 컨설팅이 이루어졌다.

　결과적으로 2000년대 중반은 CEO들에게나 인기였던 자기계발이 본격적으로 고등학생에게 수입된 시기였다. 한편에서는 글로벌 전형을 필두로 한 사립대학의 새로운 입학전형이 시작되면서 수능 점수 외에도 훌륭한 자기소개서와 독특한 경험, 수상 실적 등 다양한 능력을 요구하게 되었다. 이제는 점수만 좋은 학생이 아니라 '내용이 있는' 학생이 되어야 했다. 즉, 단순히 성적만 올리는 게 아니라 다방면에서 유능해져야 했던 것이다. 이때부터 각종 수상 실적과 봉사활동, 자격증 등을 일컫는 '스펙'이라는 단어가 고등학생 사이에서 유행하기 시작했다.

명문대 지망생 사이에서는 독특한 이력을 만들기 위해 토익·토플은 물론이고 모의UN, 해비타트, 철학 올림피아드, 논술 경시대회 등이 인기를 끌었다. 다른 한편에서는 무엇에 집중해야 할지 모르는 불안정한 입시 제도가 존재했다. 멘토는 이러한 상황에서 당장 무엇을 해야 하는지 고민하는 멘티에게 정신적인 지침을 내리는 역할을 맡았다.

다음은 2006년에 개설된 멘토링 사이트에 한 멘토가 올린 글이다. 글에서 멘토는 멘티가 '좋은 대학 가기'라는 목표를 이루도록 동기를 부여하고 있다.

> 부모님 때문에, 가정 형편 때문에, 학교 때문에, 친구 때문에 등등……. 시작부터 실패했을 때 둘러댈 변명거리들만 생각하고 있는 사람은 성공할 수 없습니다. 왜냐. 자기 실패를 감춰주고 가려줄 수 있는 무언가가 있기 때문에 그만큼 더 간절해지지 못하고 그만큼 더 나약해질 수밖에 없기 때문입니다. 분명히 말씀드리지만 여러분이 좋은 성적을 못 받는 이유는 단 하나, 공부를 안 했기 때문입니다. 지금 내 주변이 너무 날 힘들게 하나요? 청소년 가장도, 기초 생활 수급자도, 두메산골에서도, 왕따도 서울대에 갑니다. 분명 그런 사례들이 있습니다. 그 사례들을 부러워 마시고 주인공이 되시면 그만입니다.[3]

이 글을 통해 드러나는 자기계발의 방식을 우리는 '순응적

자기계발'이라 이름 붙일 수 있을 것이다. 순응적 자기계발이란
주어진 목표에 적응하고, 그 목표에 맞춰 자기 자신을 개조하는
과정이다. 멘토의 역할은 기술적인 조언을 해주는 데 앞서, 멘티의
마인드컨트롤을 돕는 데 있다. 이때 중요한 것은 '자기 책임'이라는
이데올로기의 전파다. 자기 책임은 개인의 성공은 전적으로 그
개인에게 달려 있다는 믿음으로, 순응적 자기계발을 정당화하는
기초적인 근거다. 불안한 미래를 앞둔 개인이 할 수 있는 행위란
더 열심히 노력하는 것뿐이다. 입시 제도를 탓하거나 사회구조를
비판하는 건 무의미하다. '나' 한 명이 용쓴다고 바뀌지도 않기
때문이다. 이 세상에서 스스로의 힘으로 확실하게 바꿀 수 있는
건 나 자신뿐이다. 이런 논리를 기초로, 멘토의 안내에 따라 자기
책임을 받아들인 개인은 외부 조건에 불만을 품지 않고 스스로의
능력에 집중한다. 대학에 가면 뭐가 어떻게 되는지, 가지 않으면 또
어떻게 되는지 알 수 없지만 일단 없는 꿈도 만들어내고 추상적인
미래를 그려낸다. 자기계발이라는 말이 내포하듯 이 과정은 자신을
위한 능동적인 행위로 받아들여진다. 순응적 자기계발이라는
개념은 이처럼 사회가 던져준 목표에 순응하는 동시에 자기 자신을
계발해야 한다는 아이러니를 안고 있다.

저소득층 멘터링의 은밀한 유혹

미래국제재단 김선동 이사장은 "새싹멘터링은 순수 민간
차원의 사업이지만 새싹멘터링을 계속 확대, 발전시켜 빈곤의
대물림을 조금이라도 막고 싶다"며 "여타 장학금과는 중복
지급이 가능한 프로그램이므로 많은 학생들이 참여하길
바란다"고 말했다.[4]

한편, 2000년대 후반의 대학가에서도 멘토라는 말을
흔하게 접할 수 있었다. 그러나 이번에는 사교육 멘토와 맥락이
정반대였다. 멘터링을 주도한 것은 사교육 업체가 아니라 대학과
정부였다. 그리고 대학생 멘터링, 다른 말로 하면 저소득층
멘터링은 사교육의 폐해를 정면으로 지적했다. 저소득층 멘터링은
사교육으로 인한 양극화 문제를 해소하고 가난한 학생들에게도
평등한 기회를 주려는 취지에서 시작되었다. 그 취지 때문에
저소득층 멘터링은 공교육의 위기를 보완하고 사교육의 폐해를
막는 대안적인 교육으로 장려되었으며, 멘토라는 말은 정의롭고
긍정적인 뉘앙스를 띠게 되었다.

인용문에서 언급한 새싹멘터링이 서울대에서 시작되었다는
것은 놀랄 일이 아니다. 서울대는 학벌 사회의 특권층인 만큼
사회적 책임을 요구받았다. '개천에서 용 나게' 하기 위한
농어촌특별전형, 서울 중심의 입시를 보완하는 지역균형전형
등은 예전부터 서울대가 교육 불평등이 심화되는 것을 막고

혈세로 운영되는 국립대로서 사회적 책임을 다하기 위해
도입한 제도들이다. 멘터링 또한 그 시도 중 하나였다. 실제로
멘토를 모집하는 글에는 '노블레스 오블리주' 정신을 실천하고
서울대학교의 가치와 이미지를 제고해야 한다는 내용이 있기도
했다. 서울대생이 고액 과외 대신 과외비의 절반이 조금 넘는
활동비를 받고 혜택을 받지 못한 계층을 돕는다는 것은 그 실제
효과를 떠나서 외부에 긍정적인 인상을 주었다. 새싹멘터링은 큰
호응을 얻었고, 비슷한 이름의 멘터링 사업이 여기저기서 생겨났다.
장애인을 위한 멘터링이나 농어촌 지역의 학생들을 위한 멘터링
캠프가 그 예였다. 테마는 달랐지만 멘터링 사업이 갖는 공통적인
성격은 '교육 봉사'였으며 그 취지는 교육 불평등을 해소함으로써
양극화 문제를 개선하는 것이었다.

그런데 여기에는 근본적으로 모순이 있었다. 저소득층
멘터링의 목표는 양극화 문제를 해소하고 교육 평등을 실현하는
것이었지만, 정작 문제의 핵심인 학벌 구조를 비판하는 내용은
어디에도 없었다. 멘터링의 핵심은 사회를 평등하게 만드는 데 있지
않았다. 멘터링은 학벌 구조를 용인하는 것에 대한 알리바이였을
뿐만 아니라, 최소한의 낙오자를 방지함으로써 '건전한 경쟁'을
만드는 메커니즘이었다.

자원이 한정되어 있다는 점을 생각했을 때 양극화 문제를
개선한다는 것은 반드시 더 많이 가진 계층이 덜 가진 계층에게
자신의 것을 양도하는 과정을 포함해야만 한다. 서울대가 교육

평등에 기여하려면 자신의 특권을 어느 정도 포기해야 한다. 그러나 저소득층에 무료로 과외를 해준다는 것은 단순히 그들에게도 '동일선상'에서 경쟁에 참여할 자격을 주겠다는 것을 의미했다.(물론 동일선상에 서는 것조차 어려운 일이긴 하다. 매우 어렸을 때부터 조기 교육을 받고 유학도 다녀온 상류층과 비교하자면 말이다.) 즉, 멘터링은 경쟁이라는 게임 방식과 학벌 구조라는 큰 그림은 내버려둔 채 그들에게 게임에 참여할 수 있는 티켓만을 줬을 뿐이다. 그렇다면 멘터링을 주도한 대학은 무엇을 얻었는가? 불평등 문제를 해결하기 위해 노력하고 있다는 것은 명문대의 도덕적 위상을 증명했고, 이는 특권적 지위를 정당화하는 근거가 되었다. 학생들은 멘터링을 봉사활동 실적으로 이력서에 기재하거나, 자신의 도덕적 자질을 증명하는 근거로 삼았다.

박군은 아이들에게 '선배와의 대화' 자리를 종종 마련하고 있다. 훌륭한 선배들을 초청해 학창 시절의 어려움과 공부 방법 등 다양한 경험을 얘기하면서 아이들에게 꾸준히 동기부여를 하기 위함이다. 임군은 아예 토, 일요일은 아이들과 함께 시간을 보내는 날이 많다. 도서상품권을 걸고 영어단어 게임을 하기도 하고 교과서에서는 볼 수 없는 신기한 수학 문제들을 풀기도 한다. 종종 아이들을 서울대학교로 불러 공부하고, 탁구 치고, 식사까지 하다보면 3~4시간이 훌쩍 지나갈 때도 있지만 서로에게 분명 의미 있는 시간이라고 믿고 있다.[5]

저소득층 멘토링 과정의 담론을 보면, 멘토들은 주로
입시를 가르쳤는데 학원 강사나 과외 교사와 다르게 영어에 관한
이야기보다는 인생 이야기를 많이 했다.(그런 점에서 멘토의 교육
내용은 더 이데올로기적이라 할 수 있었다.) 명문대 멘토가 멘티에게
전달하는 핵심적인 메시지는 '너도 열심히 하면 서울대생이 될
수 있다'는 것이었으며, 여기서 멘토링의 목적은 저소득층 학생을
좋은 대학에 보내서 부모 세대보다 잘살게 하는 것이었다. 그러기
위해서는 개인 능력이 자신이 속한 계층을 바꿀 수 있다는 믿음을
설파해야 한다. 이는 곧 순응적 자기계발과 맞닿아 있다. 저소득층
멘토는 사교육 멘토와 마찬가지로 멘티에게 주어진 상황에 대한
자기 책임의 이데올로기를 전파했다. 대학교 입학이라는 목표를
이루고자 어떻게 하면 자기 자신을 개조할 것인지, 동기부여는
어떻게 하고 생활은 어떻게 관리할 것인지 조언했다. 이는 돈을
받고 안 받고의 차이일 뿐 사교육 멘토의 일과 크게 다르지 않았다.

저소득층 멘토링의 착한 얼굴 뒤를 보면, 이렇듯 사교육
멘토의 핵심과 만난다. 사교육 멘토와 저소득층 멘토는 모두 '좋은
대학 가기'라는 목표가 명확한 상태에서 그 목표에 맞춰 자신을
개조하라는 순응적 자기계발의 명령을 전파했다. 전자가 그 대가로
돈을 얻는다면 후자는 도덕적 명예를 얻었다.

이 두 멘토는 멘토 열풍이 정점에 다다른 2010년대 초반과는
크게 달랐다. '명문대 출신'이라는 것을 제외하고 멘토의 개별적인
특성은 크게 강조되지 않았다. 대부분은 자신의 멘토가 어떤

사람인지도 모르는 상태에서 멘터링을 받았다. 안철수나 김난도 같은 '셀레브리티 멘토'가 존재하지 않았음은 물론이다. 어느 시기나 그렇듯 유명 인사들은 존재했지만 그들의 발화 대상은 젊은 세대가 아니었다. 끊임없이 청춘을 호명하고 젊은 세대에게 가까이 다가가려는 최근의 멘토들과 다른 셈이다. 또한 그 당시 멘토 현상은 최근만큼 과열되지 않았는데, 이는 수요자가 주로 고등학생이었기 때문이다. 고등학생은 외부 멘토가 절실하지 않았다. 그들 주변에는 이미 오지랖 넓은 어른이 많았기 때문이다. 담임선생님은 시시각각 성적표를 점검했고 두발 검사와 지각생을 벌함으로써 생활 태도를 관리했으며 원서를 넣는 시기에는 진로를 대신 결정해주기도 했다. '매니저 맘'은 입시설명회를 쫓아다니면서 수험생 자녀를 뒤치다꺼리했다. 그리고 모두에게 '인서울'이나 '명문대 입학'이라는 뚜렷한 목표가 있었으므로, 미래가 총체적으로 불안하지는 않았다. 일단 집중해서 공부만 열심히 하고 자격증을 따서 좋은 대학만 가면 인생이 풀릴 것이라는 믿음이 존재했다. 따라서 이 시기의 멘토가 하는 역할은 목표를 달성하기 위해 순응적 자기계발의 과정을 돕는 것에 머물렀다.

피로한 88만원 세대와 셀레브리티 멘토

이후 밀리언셀러인 『아프니까 청춘이다』를 중심으로 멘토 열풍이 확산되었다. 안철수, 박칼린 등 잘 알려진 몇몇 셀레브리티 멘토가 그 열풍의 중심이었으며 주로 호응하는 층은 20대, 특히 대학생이었다. 멘토가 전달하는 메시지는 사람과 분야에 따라 아주 다르다. MBC <위대한 탄생>의 멘토들은 신인가수를 키우는 기획사 사장님 같은 이야기를 한다. 트위터에서 유명한 혜민스님은 불교철학을 바탕으로 긍정적인 마인드로 살아가라는 메시지를 전달한다. <청춘 콘서트>의 김여진은 비정규직이 처한 현실을 이야기한다. 이렇게 멘토들의 메시지를 먼저 들여다보기 시작하면 공통점을 발견하기가 쉽지 않다. 중요한 것은 개별적인 메시지보다는 그 메시지들을 담고 있는 멘토라는 그릇이다.

『아프니까 청춘이다』는 위로의 형식을 띠고 있다. 구체적인 내용을 따져보면 사실 위로가 아닌 것도 많다. 저자는 슬럼프의 원인을 게으름으로 정의하는가 하면 아침마다 종이신문을 읽으라는 과제를 주기도 한다. 그러나 디테일은 크게 중요하지 않다. 중요한 건 청춘의 고통을 어루만지는 듯한 저자의 태도다. 어떤 이야기를 하든 저자의 태도는 공감하는 제스처와 부드러운 어조를 통해 유지된다. 청춘 콘서트도 마찬가지다. 비정규직의 현실을 주제로 한 강연에서 연사인 김여진은 비정규직 노동자 패널을 소개한 뒤, 관객에게 응원의 박수를 쳐줄 것을 요구한다. 강연 내내 패널과 관객 사이에서 인간적이고 훈훈한 분위기가 유지된다. 이처럼 멘토링의 형식은 '휴머니즘'을 가장 큰 특징으로 한다. 대학생들이 겪는 고통을 진단하고, 그 원인을 사회구조에서 찾는 과정에서도 휴머니즘의 의미가 강조된 형식은 유지된다.

그리고 이 휴머니즘은 기본적으로 멘토라는 인간적이며 존경스러운 '어른'을 축으로 돌아간다. 왜 젊은 세대가 어른의 위로와 공감을 필요로 하게 되었는지 그리고 이 위로와 공감은 자기계발과 무슨 상관이 있는지 살펴보기 위해 잠시 시간을 거슬러 올라갈 필요가 있다.

알다시피 1987년은 직선제를 쟁취해낸 해였다. 6월의 대중운동을 통해 확대된 정치적 자유와 3저 호황이 가져온 경제적 풍요를 바탕으로 90년대가 시작된다. 90년대는 정치가 끝나버렸다는 인식이 자리한 시기이기도 했다. 민주화 세력이 주축이었던 통일민주당은 독재 세력의 잔류인 여당과 합당했고, 구소련 해체를 끝으로 동구권은 몰락했다. 자본주의의 외부가 지리적으로도 상징적으로도 사라진 틈새로 소비문화가 빠르게 침투했다. 소비문화는 개인주의적인 사고방식과 폭발적으로 결합했다. 신세대는 자유와 개성 그리고 패션과 소비의 아이콘이었다. '본 얼굴은 가린 채 근엄한 척'하는 기성세대의 권위주의는 저항의 대상이 되었고 모두를 똑같게 만드는 획일화된 시스템은 바뀌어야만 했다. 독재 반대에 뿌리를 둔 자유주의는 정치가 끝나버린 90년대에 여전히 저항의 명맥을 잇는 이데올로기였고, 이를 바탕으로 시민단체와 부문 운동이 확산되었다. 그런데 IMF 이후, 개인주의는 정치적인 반항도 대중적인 구호도 아닌 라이프스타일 혹은 취향이 된다. 90년대의 개인주의자들이 전략적으로 탈정치를 주장했다면 이 시기의 개인주의는 자의 반 타의 반으로 정치와 연결고리가 끊긴 형태였다. 자신의 취향을 계발하는 데 최적화된 개인주의적 라이프스타일은 소비주의와 하나가 되었다. 이 시기의 소비주의는 자기계발과 결합되면서, 취향이라는 이름으로 개인을 브랜드화하는 방식이었다. 자기계발 열풍이 정점에 다다른 2000년대 중반에는 대중의 정치적 움직임 또한 전무하다시피 했다.

그러다 2000년대 후반에는 대중정치가 귀환하기 시작한다. 2002 월드컵은 시민들이 모이는 장소로서 '광장'을 재조명할 수 있게 해주면서 대중 정치의 발판을 마련했다. 같은 해 '효순이·미선이 사건'을 통해서는 촛불집회 문화가 생겨났다. 그러나 이러한 경험들이 폭발적인 움직임으로 귀결된 것은 노무현과 다르게 명백히 적으로 보였던 MB에 대한 반감 때문이다. 2008년에는 미국산 쇠고기 수입을 반대하는 대규모 촛불집회가 열렸고, 정치의식이 과열된 일부 지식인은 20대가 집회에 적극적으로 참여하지 않았다고 비난을 퍼부었다. '20대 개새끼론'이 등장했고, 같은 이름이 아니더라도 20대의 탈정치성과 이기주의를 비판하는 말들이 쏟아졌다. "20대는 스펙만 쌓는다" "20대는 자기계발서만 읽는다" "20대는 자기밖에 모른다" 등 20대의 특성을 분석하는 추상적인 이야기들이 책과 텔레비전에서 떠돌았다. 한쪽에서 MB 정권에 대한 불만을 20대에 투사했다면, 다른 한쪽에서는 이들이 처한 경제적 상황을 객관적으로 설명하기 위해 '88만원 세대'라는 말을 수천 번 인용하기도 했다.

그런데 신자유주의라는 말이 유령처럼 떠돌던 당시에 자기계발 열풍은 이미 사그라들고 있었다. 2000년대 후반에는 자기계발에 대한 피로감이 서서히 수면으로 떠오른다. 당연한 이야기지만 자기계발이 좋아서 하는 사람은 많지 않았다. 끝없이 남을 이겨야 하는 상황에서 스스로 경쟁력을 만들어나가기 위해 하는 것이 자기계발이었다. 자기계발의 과정을 좋아할 수 있다는 것은 중요한 자질이었다. 그러나 많은 젊은이는 이 자질을 갖고 있지 않았다. 이들 사이에 분노가 아니라 피로감이 번진 것은 이 때문이다. 젊은 세대는 자기계발 자체에 의문을 갖고 분노하기보다는 집중할 수 없는 스스로를 비웃고 자학했다. 이 시기에 유행한 '잉여'라는 표현은 자기계발과 하등 상관없어 보이는 짓거리를 반복하면서 자조하는 이를 대변했고, '루저'라는 표현은 그런 에너지마저 고갈된 채 패배의식에 젖어 있는 자를 지칭했다.

한편 대학가에서는 '아싸'라는 말이 유행했다. '아웃사이더'의 줄임말인 이 단어는 개인 활동에 몰두하느라 커뮤니티에 적응하지 못한 사람을 가리키는 자조적인 의미로 쓰였다. 중고등학교의 '왕따'가 집단 내부에서 노골적으로 배제되는 대상이라면, 아싸는 집단 자체를 벗어나 파편화된 사람이었다. 개중에 적극적으로 집단을 이탈하는 이도 있었지만 그것은 예외적이었다. 고학년이 될수록 대부분 진로를 준비하다 보니 혼자가 되었다. 하나둘씩 휴학을 하고 취직 준비를 하면서 또래 공동체는 쉽게 와해되었다. 같이 밥 먹을 친구, 같이 수업 들을 친구를 찾기가 까다로워지면서 대부분의 학생은 자연스럽게 원하든 원하지 않든 아싸가 되었다. 혼자 다니는 것이 즐거워서가 아니라 더 이상 공동체가 유지될 수 없었기 때문이다. 아싸는 쉴 틈을 주지 않는 자기계발의 요구와 어떻게든 생존해야 한다는 심리적인 압박 속에서 와해되어가는 대학사회의 공동체 문화를 보여주는 상징이었다.

이런 상황에서 젊은이들은 절실하게 친구를 찾는 게 아니라 어른인 멘토를 찾기 시작했다. 우리는 이 점에 주목할 필요가 있다. 젊은이들은 외로움과 불안을 느끼면서도 그것을 함께 나눌 친구보다는 자신의 상황을 분석해주거나 위로해줄 멘토를 원한다. 아무리 멘토가 친근하다고 하지만 멘토는 친구가 아니다. 아니 친구가 되어서는 안 된다고 하는 게 맞겠다. 친구는 나처럼 똑같이 불안하거나 당장 같은 공간에서 경쟁해야 하는 대상이기 때문이다. 나와 똑같이 불안하다면 실속이 없고, 경쟁 대상이라면 신뢰할 수가 없다. 반면 멘토는 나보다 먼저 시행착오를 겪고 성공 궤도에 올라선 사람이어야 한다. 다른 말로 하면, 최소한 한 차례의 경쟁에서 승리한 뒤 안정적인 기반을 획득한 사람이라는 뜻이다. 셀레브리티 멘토 중에서 경력이 화려하지 않은 사람은 없다. 멘토는 유명한 뮤지컬 감독이거나 교수이거나 성공한 벤처기업가다. 이들은 대체로 40대이거나 혹은 그 윗세대다. 이미 오래전에 경쟁의 관문을 통과한 이들이다.

여기서 멘토 열풍의 함의가 드러난다. 멘토는 흔들리는 대학생을 성공의 길로 이끌어줄 수 있는 사람이어야 한다.

대학생에게는 정해진 목표도 없고 담임선생도 없다. 대학 합격이라는 목표는 해결되었지만 미래는 여전히 불안정하고, 어떻게 통제해야 할지 모르는 자유의 시간만 넘쳐난다. 야간자율학습도 학생주임도 없는 상황에서 너도나도 다시 경쟁에 떠밀린다. 이런 상황에서 무작정 자기계발의 메시지를 밀어붙이는 것은 적절하지 않다. 마음이 불안한 것 또한 '네 탓'이기 때문에 정신 차리라고 조언하는 것은 스트레스를 부추길 뿐이다. 멘토는 멘티를 불안으로부터 꺼내줘야 한다. 대학생이 멘토를 요청하는 것은 자극이 필요해서가 아니라 위로와 상담이 필요해서다. 고로 이제 새로운 방식이 요구된다.

대학생들의 불안을 달래줄 가장 이상적인 방법은 불안 그 자체를 성공을 위한 동력으로 전환시켜주는 것이다. 이를테면 "아프니까 청춘이다"라고 말하는 것이다. 이는 고통에 대한 발상의 전환이다. 『아프니까 청춘이다』의 저자는 바닥까지 내려가면 얼마 지나지 않아 성공의 길이 보인다고 조언한다. 고통이 강하면 강할수록 그것은 곧 바닥을 치고 올라갈 수 있다는 증거이다. 그런데 여기서 성공이란 무엇을 말하는가? 부자가 되는 것? 유명해지는 것? 어느 멘토도 고시를 보거나 대기업에 취직하라고 조언하지 않는다. 오히려 그 반대다. 돈이나 명예보다 중요한 것은 내가 진정으로 무엇을 원하는가이다. 사회에서 요구하는 기준에 맞춰 살아가는 것은 효율적인 삶일지는 몰라도, 반드시 성공하는 삶은 아니다.

그러고 보면 단순히 성공한 주류이기 때문에 주목받는
셀레브리티 멘토는 없다. 부모님의 요구대로 고시를 봐서 변호사가
되었다면 셀레브리티 멘토가 되기에 부족하다. 『아프니까
청춘이다』의 김난도처럼 최소한 고시를 보다가 집어치우고 자기
길을 찾거나, 안철수처럼 안정적으로 갈 수 있는 길을 버리고
아무도 관심 갖지 않는 바이러스를 연구해야 한다. 이들이
대학생에게 요구하는 것은 (스펙 쌓기에 앞선) '성찰'이다. 학기
중에는 학점을 관리하고 방학에는 영어학원에 다니는 생활을
하기보다는 내가 원하는 게 무엇인지 충분히 고민할 수 있는
시간을 가져야 한다. 사회가 요구하는 대로 따라가기보다는 자신의
목소리를 들어야 한다. 정말 자신이 좋아하는 길을 찾아서 시간을
즐겁게 열정적으로 보내야 한다. 멘토는 이렇게 자기계발에 지친
세대에게 용기를 북돋아주는 동시에 주체적으로 자신의 삶을
결정하도록 유도한다.

이런 맥락에서 멘토 현상은 순응적 자기계발과 반대인 것처럼
보인다. 실제로 멘토는 자기계발에 지친 젊은 세대를 위로하고,
끌려다니는 삶 대신 자기 성찰을 통해 만들어나가는 주체적인
삶을 강조한다.(단순히 돈을 많이 벌기 위해 대기업에 취직한다거나
안정적인 직업을 갖고자 공무원 시험을 보는 것은 성공적인 삶일지는
몰라도 행복한 삶은 아니다. 후회하지 않을 인생을 살려면, 자신의
의지에 따라 위험을 무릅쓰고 도전할 줄 알아야 한다'라는 식의 서사
구조가 단적인 예이다.)

그러나 여기서 멘토들이 거듭 주장하는 '주체성'이란 무엇인가? 이는 좋아하는 일이라면 뭐든지 해도 된다는 뜻인가? 그건 아니다. 순응적 자기계발의 주체가 유명한 대기업에 취직한다면, 멘토의 처방에 따라 주체적으로 살아가는 개인들은 '창업'을 할 것이다. 이것은 무엇을 의미하는가? 주체적인 개인 역시 자본주의 사회에서 합리적으로 살아갈 수 있는 선택을 해야 한다. 자기계발을 그만두고 아예 아무것도 하지 않거나 구조 자체를 바꾸는 선택은 범위에서 벗어나 있다. 순응적인 자기계발이 폐기된다면 그것은 자본주의를 거부하기 위해서가 아니라 자기계발 방식의 한계를 극복하기 위해서다. 하지만 순응적 자기계발은 자본주의 사회를 발전시키기에는 한계가 있어 보인다. 명문대 인원을 충당하는 데 도움은 되겠지만 장기적으로 산업의 경쟁력을 끌어올릴 수는 없다. 전 세계 기업과 경쟁하려면 뛰어난 리더가 필요하다. 그리고 오늘날 리더에게는 창의성과 도전정신이 요구된다. 그런데 여기서 순응이란 덕목은 창의성과 정면으로 부딪친다. 게다가 순응적인 자기계발은 『88만원 세대』에서 가리키는 부정적인 경제 상황과 맞물리면서 젊은 세대의 피로를 낳았다. 당장 봤을 때 피로는 아무 힘도 없는 것처럼 보인다. 하지만 피로가 축적되면 생산 속도는 느려지고, 체제가 요구하는 인적자원의 질은 낮아진다. 이 문제를 개인적으로 해결할 방법이 없다는 것을 깨닫는 순간, 피로는 집단적인 분노로 전환될 수도 있다. 결국 체제를 보호하고 갱신하기 위해서는 자기계발의 방식이 바뀌어야만 한다.

멘토, 최첨단 자본주의를 이끌다

순응적 자기계발은 이제 '성찰적 자기계발'로 인해 지양된다.
순응적 자기계발이 주어진 목표에 맞춰 자신을 개조하는
과정이라면, 성찰적 자기계발은 정해진 목표를 부정하고 내면에
대한 성찰을 통해 자신의 미래를 스스로 개척해나가는 것이다.
따지고보면 주어진 목표에 맞춰 자신을 바꾸는 것은 성공하기
위한 가장 기초적인 단계이다. 하지만 그곳에만 머무르면 발전이
없다. 언제까지나 남들이 던져주는 목표에 맞춰 살 수는 없기
때문이다. 앞으로 더 나아가려면 자신이 정말 좋아하는 것이
무엇인지 성찰하고 모험을 감수하면서 하고 싶은 일에 뛰어들어야
한다. 그러다 보면 자신의 역량을 극대화할 수 있고, 다른
사람들이 생각하지 못하는 새 분야를 개척할 수도 있다. 무작정
주류적인 성공만을 꿈꿨다면 처음부터 이루지 못했을 것이다.
이처럼 멘토는 자기계발을 비판하는 듯하면서 그것을 더 높은
단계로 끌어올린다. 순응적 자기계발에서 한 단계 발전된 성찰적
자기계발은 주체적이고 창의적이며, 심지어 때로는 반항적인
리더를 길러낸다는 점에서 최첨단 자본주의와 맞닿아 있다. 다음은
최첨단 자본주의를 잘 설명해주는 '창조 계급'에 대한 글이다.

그렇게 함으로써 자본주의는 또 한 가지 놀라운 변화를 일으켰다. 한때 보헤미안적 변두리의 기이한 이단자로 여겨졌던 사람들을 데려다 그들을 혁신과 경제성장 과정의 최고 중심부에 앉혔다. 경제와 직장에서 일어난 이러한 변화는 다시 사회 전반에 일어나는 유사한 변화를 확산시키고 정당화시키는 데 도움이 되었다. 창조적 개인은 더 이상 인습타파주의자로 간주되지 않는다. 도리어 새로운 주류를 이루고 있다.[6]

이 책에 따르면 이제 노동자계급과 대비되는 자본가계급 대신 창조 계급이 세상을 움직인다. 창조 계급은 자유로운 분위기에서 창의적인 콘텐츠를 생산하는 자들이며, 대표적인 예로 히피 문화와 인도 순례에서 영감을 받고 애플을 창시한 스티브 잡스가 있다. 이것이 새로운 이야기는 아니다. 저자는 실리콘 밸리 이후로 일어난 변화들을 창조 계급이라는 용어로 정리하고 있을 뿐이며, 여기서 제시되는 최첨단 자본주의 또한 후기자본주의라는 용어로 오래전부터 설명되었던 것이다. 그러나 중요한 것은 변화한 자본주의가 대중서로 널리 읽힐 만큼 사람들의 피부에 와 닿게 되었다는 점이다. 비단 영미권만의 문제가 아니다. 우리는 영화 「소셜 네트워크」에서 슬리퍼를 신고 페이스북을 만드는 마크 주커버그를 보면서 최신식 자본가가 어떤 모습인지 쉽게 그릴 수 있다. 복잡한 이론을 읽는 대신 아이폰을 들여다보면 우리는 기계를 예술작품이나 사상으로 접근한다는 것이 무슨 뜻인지 이해할 수 있다. 누구나 알아차릴 수 있을 만큼 변화는 코앞에 다가와 있다.

- **창업가형**(~1960년대) : 기업가 정신을 바탕으로 신규 사업 개척
- **사업 확장형**(1970~1980년대) : 창업가형 CEO의 성공모델을
  기반으로 다양한 분야로 사업 영역 확장 (전문경영인의 출현)
- **관리형**(1980~1990년대) : 주력 산업의 성숙기 진입, 경쟁
  격화, 사업의 한계수익률 하락 등으로 경영합리화 및 조직의
  안정성 중시
- **구조조정형**(1998~2008년) : 기업의 생존을 담보하고 경쟁력
  강화를 위한 구조조정 추진(영미형 지배구조에 부합하는
  전략가형 CEO)

  삼성경제연구소, 미래 CEO의 조건 : 창조적 리더십

위 인용문에서 보듯 삼성경제연구소에서도 비슷한 내용을
제시한다. IMF 이후로 노동을 유연화하고 비정규직을 양산했던
'구조조정형 CEO'는 2008년도를 기점으로 한물갔다. 이제는
'창조형 CEO'가 필요하다. 이 새로운 CEO는 '상식을 넘어서는
기행과 파격적인 연출을 통해 직원들의 상상력을 자극'하고
창의적인 디자인을 위해 '디자이너의 자율성과 독립성을 보장'하며
사회적 가치를 중시하는 윤리적 소비자들을 겨냥해 '전략적
사회공헌'을 한다. 화제가 되었던 23쪽짜리 자료에서 삼성은 한국
기업이 가야 할 방향에 대해 압축적으로 설명하고 있다. 그러나

과거의 모방 전략에 매달려서는 샌드위치 신세를 결코 벗어날 수 없다면서 주체성을 최우선의 가치로 강조하는 이 자료에서는 세계시장을 따라잡고 애플과 구글처럼 변해야 한다는 조바심이 느껴진다. 그것은 노무현 정부와 이명박 정부를 통해 확산된 FTA로 인해 '경쟁자의 범위가 국적과 지역을 초월'하게 되었기 때문일 것이다. 또한 흥미로운 것은 CEO에게 필요한 창의적인 자질에 대해 설명하는 문구들이 국가예산계획에 대해 서술하는 공무원 문서와 다를 것이 없다는 점이다. 이런 식으로는 마크 주커버그나 스티브 잡스 같은 사람들이 나올 수 없다는 것이 불 보듯 뻔하다. 창조형 인재가 되어야 한다는 것을 기계적으로 주장하는 사고방식으로는 창조형 인재는커녕 창조형 인재의 프레젠테이션 스타일을 모방하는 것조차 어려워 보인다.

　하지만 멘토는 다르다. 멘토는 자본주의의 '자' 자도 꺼내지 않고서 최첨단 자본주의에 걸맞은 능동적인 자기계발의 주체들을 길러낼 수 있다. 멘토는 자신의 삶 자체가 훌륭한 본보기이기 때문이다. 실패를 두려워하지 않고 좋아하는 일을 좇다 보면 자신만의 분야를 개척하게 된다는 서사는 '창조형 인재'라는 말을 남발하는 것보다 훨씬 효과적이다. 다음 내용은 인터넷에서 자주 볼 수 있는 '안철수 어록'의 한 부분이다.

방황하는 청춘에게
1. 보장된 미래보다는 좋아하는 일을 택하라.

2. 자기에게 정말 맞는 분야를 찾기 위해 쓰는 시간은 값진 시간이다.

3. 운이라는 것은 기회가 준비와 만났을 때다. 모든 사람에게 기회는 온다. 준비된 사람만이 그 기회를 자기 것으로 가질 수 있다.

4. 준비가 안 된 상황에서는 기회가 오히려 불행이다.

5. 매순간 열심히 살다 보면 저절로 길이 보인다.

6. 자신에게 기회를 주는 게 가장 중요하다. 미국 실리콘밸리는 성공의 요람이 아니라 실패의 요람이다. 100개의 기업 중 하나만 살아남는다. 하지만 실패한 기업이라도 도덕적이고 문제가 없다면 계속 기회를 준다. 실패한 사람이라도 계속 기회를 주는 것이 젊은이들의 도전정신을 만든다.

7. 성공을 100% 개인화하는 것은 문제가 있다. 머리가 좋고 개인적인 성공만 추구하는 사람이 우리 사회에 도움이 되는가를 심각하게 생각해봐야 한다. 내가 왜 이 일을 하는지에 대한 사명감이 중요하다.

8. 열심히 살았던 삶의 태도는 핏속에 녹아 몸속에 흐르면서 남아 있다. 지식은 유한하지만 치열한 삶의 방식은 평생 가기 때문이다.

9. 어떤 문제에 부딪히면 남보다 시간을 두세 곱절 더 투자할 각오를 한다. 그것이야말로 평범한 두뇌를 지닌 사람이 할 수 있는 유일한 방법이다.

안철수 어록은 새로운 자본가를 위한 한국 버전의 가이드라인처럼 보인다. 흥미로운 점은 "성공을 100% 개인화하는 것은 문제가 있다"와 같은 주장이 진보 인사의 일침처럼 들린다는 것이다. 이뿐만 아니라 "실패한 기업이라도 도덕적이고 문제가 없다면 계속 기회를 준다"와 같은 말은, 대기업만 살아남는 풍토를 꼬집는 말로 들리기도 한다. 자본주의의 수호자임에도 불구하고 멘토가 진보적으로 보이는 핵심적인 이유는 여기에 있다.

잠시 서두로 돌아가보자. 멘토는 MB와 반대되는 모든 것을 지녔다. 그리고 MB는 정경유착, 재벌독식체제, 친일파 청산 문제, 사법부 비리, 민주주의 탄압 등 한국 근현대사의 모든 병폐와 연관되어 있다. 이 문제가 매우 크기 때문에 반대하는 입장을 취하는 사람은 자동적으로 진보적인 입장에 서 있다는 착각에 빠진다. 멘토가 MB의 반대편에 서서 성찰적 자기계발을 가로막는 재벌 중심의 사회구조를 해체하고자 한다면, 그것은 이내 '급진'적인 발언이 된다. 설사 그것이 한국에 실리콘밸리 같은 것을 만들려는 의도라고 해도 말이다. 구체제의 문제를 청산해야 한다는 좌파의 문제의식이 크기 때문에, 때론 과거를 급진적으로 공격하는 멘토는 대안적 지도자가 되어버린다.

하지만 지금까지 살펴봤듯이, 과거를 몰아낸 자리에 어떤 미래가 닥칠지 생각해봐야 한다. 멘토를 통해 부정적인 미래를 상상하는 것은 쉬운 일이 아니다. 한국 사회에서 우파라고 하면 구닥다리가 쉽게 연상된다. 그리고 구닥다리를 비판하고 자유와 진보를 말하는 멘토는 대안처럼 보인다. 하지만 우리는 우파적인 논리가 세련되고 친근한 모습으로 매우 가까운 곳에서 잠복하고 있다는 사실을 깨달아야 한다. 우리는 지금 멘토를 통해 진정 무엇을 호명하고 있는가. 이 질문을 곰곰이 따져볼 때다.

박연을
만나다

멘토에 대한 우리 사회의 융숭한 대접만큼이나 멘토 비판의 논의도 커지고
있는 요즘, 박연은 5장을 통해 멘토 열풍에 숨겨진 정치적 이데올로기가
무엇인지를 파헤친다. 멘토에 관한 몇몇 문화적 단상을 언급하며 섣부른
비판적 구호로 자신의 논지를 전개하기보다는 우선 멘토와 멘티의
기본 관계인 '교육'이란 측면에서 차근차근 출발한다. 그러면서 그녀는
고등학생, 대학생으로 이어지는 멘토 열풍의 수용자들에게 요구되는
속성에 '창의성'이란 것이 있음을 지적한다. 이는 곧 우파가 취하는
진보적인 제스처와 후기자본주의의 속성이 결탁되는 지점이기도 하다는
주장으로 정리되는데, 멘토를 통해 제법 큰 그림을 그려보고자 하는 필자의
뜻에 동해 이런저런 질문을 던져봤다(인터뷰어는 '글'로, 답변을 해준 필자
박연은 '연'으로 표기했다—편집자 주).

멘토 열풍의 유통기한

글: 박연씨는 멘토 열풍의 유통기한이 있다고 보십니까.

연: 멘토 열풍의 전성기는 어느 정도 지났다고 봅니다.
그렇다고 해서 이 열기가 식었다는 건 아닙니다. 글에서도
언급했지만 멘토 열풍은 몇 번씩 그 국면을 바꾸었습니다. 사실
멘토 열풍이 뿌리 깊게 생활화되어서 이젠 '열풍'이라고 부르기에도
애매한 상태 같습니다.

물론 변화에 늘 기민하게 반응해야 하는 출판계나 광고계
등에선 멘토를 반짝 유행 상품으로 해석할지도 모르겠고, 멘토라는
말은 5년 뒤엔 더 이상 사용되지 않을지도 모르죠.

하지만 저는 개개인이 기댈 곳이 점점 사라지는 불안정한
구조가 바뀌지 않는 이상 멘토를 향한 요구는 쉽게 사라지지 않을
것 같단 생각입니다.

글: 그렇게 치자면 멘토는 MB 정권 5년이라는 기한의
특수성에 마냥 종속되는 건 아닐 수도 있겠군요.

연: 멘토는 이름과 그 얼굴을 바꿀 뿐, 다음 정권에도 그다음
정권에도 계속 우리 앞에 나타나지 않을까 싶어요. 다만 이 정권이
가진 온갖 부정적인 측면과 그에 반한 멘토들의 활약은 분명히
기록해둘 필요성이 있을 듯합니다.

박근혜도 멘토입니까?

글: 뜬금없는 질문이지만 박근혜 대선후보도 멘토일까요?

연: 우리 시대의 멘토 하면 막연하게 떠오르는 이미지 같은 것이 있다고 봅니다. 그 이미지는 사람들이 만들어놓은 자신만의 기준이기도 하겠지요. 이 질문보다 중요한 것은 그 멘토가 가진 드라마를 사람들이 얼마나 보고 싶어했던 것일까의 차원 아닐까요. 안철수의 드라마와 박근혜의 드라마. 저를 포함한 20대 젊은이들에게 박근혜가 갖고 있는 드라마틱한 요소들은 그리 와 닿진 않을 듯합니다. '박정희라는 대통령의 딸이었다?'에서부터 시작되는 드라마는 그 시대를 살았던 어른들에겐 선망했던 이야기겠지만, 이 세대가 그것을 선망할 마땅한 이유는 없죠. 노골적으로 말해서 실용성(?)도 없고요.

글: "실용성"이란 표현이 흥미롭군요.

연: 제 글에서 강조했지만 오늘날 기업들이 '취준생(취업준비생)'들에게 요구하는 덕목(?)이 있습니다. 다 알다시피 창의성 혹은 창조성이란 용어죠. 지금 당장 서점에 가서 매대를 장식한 책들을 보면 창의성이란 이름은 성공한 사람들의 본질이요, 그 사람들이 만들어놓은 집단에 들어가기 위한 항목으로 규정됩니다. 경제·경영서에 자주 나오는 표현으로 바꿔 말해보자면,

결국 이 성공한 사람들이 갖춘 브랜드와 스토리는 멘토가 될
자질을 뜻합니다. 박근혜의 드라마를 믿고 따르고 안다고 해서 내가
이 세상이 요구하는(자본주의 체제가 요구하는) 훌륭한 인간이 될
수 있을까요. 멘토를 따르는 게 일종의 신앙심이라 보는 건 순진한
시각이죠. 결국 멘토도 하나의 생산자-소비자 차원에서 이 사람의
스토리로 얼마나 이득을 얻을 수 있을까라는 부분도 함께 작동하는
거라 봅니다.

안철수 교수를 비롯해 오늘날 대표적인 멘토로 인정받는 일부
사람들은 후기자본주의가 강조하는 미디어와의 친화성, 유용한
정보의 생산성과 활용성 등에서 뛰어납니다. 이들은 또 사람들이
선호하는 문화 영역(이런 영역의 일하는 사람들을 포함한)의 친밀함도
갖고 있죠. 구매력 있는 멘토인 겁니다.

'어떤' 위로인가

글: 멘토 비판에 관한 글들을 읽으면 뭐라고 할까요. 이젠
"힘내"라는 말도 상대방에게 쓰지 말아야 할 표현처럼 느껴질
때가 있습니다. 이 표현이 뭔가 내 가벼움을 드러내고 나도
모르게 '꼰대짓'을 하는 사람으로 취급당하게 할까봐요. 제가
과하게 받아들이는 것인지 모르겠지만 사회과학자들은 죄다
위로라곤 안 받으며 안 하고 사는 사람들인가, 하는 생각을 해볼
때도 있었답니다(웃음). 위로라는 게 정말 나쁜 건가 섭섭할 때도

있더라고요.

연: 위로 자체가 나쁘진 않겠죠. 현실을 받아들이기 위해서 적절한 판타지는 필요하다고 생각합니다. 그게 판타지인 것을 인식한다면 위로가 '위험할' 이유는 없겠죠. 말하는 사람이나 듣는 사람이나 "힘내!" 라는 말이 구체적인 해결책을 제시해주지 못한다는 걸 알기 때문에 그 말을 계속 해도 현실을 부정하거나 최면에 빠지진 않아요.

하지만 이런 말들이 멘토의 달콤한 말 속에서 복잡한 형태로 나타나면 결국 무엇이 판타지고 무엇이 아닌지 분간하기 어려워지는 것 같아요.

단순하게 위로라는 행위 자체를 심판하자는 게 아니에요. 중요한 건 위로의 메커니즘을 발견하고 분석해보는 태도라고 생각합니다.

멘토 비판은 '힙'을 탐하는 자들의 인기 품목이 될 것인가

글: 멘토 비판은 또 자기계발 문화 비판의 논의와 뗄 수 없을 것 같은데요. 개인적으로 한국에서 자기계발 문화 비판 연구가 인기를 얻고 자리 잡으면서 이 분야의 연구가 어떤 매너리즘에 빠진 것은 아닐까 우려스럽기도 합니다.

연: 정확히 어떤 뜻이죠?

글: 뭐라고 할까요? 거칠게 정리하자면 자기계발 문화 비판 등이 아이러니하게도 '연구자들의 자기계발 항목'으로서의 연구 주제가 되었다고 할까요? 자기계발이라는 걸 나쁘게 보려는 시선은 아닙니다만? 정리하자면 이렇습니다. 즉 자기계발 문화 비판이라는 논의가 이런저런 최신 사례들과 붙어나오면서, 이게 연구자들의 '힙한 감각'을 보여주는 제법 스타일 있는 연구물로 교환/소비될 뿐이라는 생각이 들었습니다. 정작 알맹이는 없구요(과해석은 넘쳐나는?). 멘토 비판 담론도 그런 식으로 소비될까 걱정이 된다는 것이죠.

연: 이것은 좀 신중하게 판단해야 할 문제인 것 같습니다. 멘토 비판에 관해서 우선 한정지어 말해보자면 대부분의 의견이 구조보다는 '인물론'에 방점이 찍혀 있다는 점에서 저는 멘토 비판에 관한 논의가 이제 시작이라고 봅니다. 질문자가 과해석이라는 표현을 썼다시피 자기계발 문화 비판이나 멘토 비판에서 흔히 나오는 주류의 견해들을 인식은 하되, 그것을 곧이곧대로 받아들이는 건 물론 저도 반대구요.

박연. 서울대학교 미학과 재학 중. 저서로 『요새 젊은것들』(공저)이 있으며, 밴드 '꿈에 카메라를 가져올 걸' 보컬로 활동 중. @KKVOC

누라이트에서 네오라이트로?

한국의 반反이주 노동담론 분석

박권일

지난 수십 년간 외국인의 한국인 이주 문제와 관련하여 심각한

사회적 담론상의 갈등은 거의 없었다고 볼 수 있다. 물론 정부

당국의 폭력적 행정 집행 등으로 이주 문제가 사회적으로 종종

의제화되었으나 이주민의 절대적인 수가 다른 서유럽 국가들에

비해 적었을 뿐 아니라, 강력하고 역동적인 한국의 시민사회가

이주 문제를 인권 의제로 비교적 성공적으로 담론화했다는

점이 유의미하게 작용한 것으로 보인다. 그런데 최근 몇 년 사이

인터넷을 중심으로 반反이주 담론이 급속히 확산, 재생산되었고

반이주 단체 및 커뮤니티도 형성되었다.(이에 반해 반이주 담론에

관한 국내 선행 연구는 거의 없는 실정이다) 서구 사례에 비추어볼

때 빠른 속도로 이민사회화되는 한국에서 반이주 정서가 중요한

사회적 담론으로 형성되고, 큰 사회 갈등을 빚을 가능성 또한

배제할 수 없다.

"담론은 사회적 의미를 둘러싼 투쟁"이라는 스튜어트 홀의
말을 굳이 떠올리지 않더라도, 담론 분석이 단지 발화자의 세계에
대한 인식을 투명하게 드러내는 작업으로 환원될 수 없음은
분명하다. 또한 담론 분석은 고정되고 결정화된 담론, 그래서 마치
시계태엽 장치처럼 그 구조와 기능이 영구히 결정된 부품들을
떼어내 하나하나 분석하는 것과 같은 작업이 아니다. 담론은 끝없이
경합되고 재구성되는 것이다. 사회 내에서 담론의 재생산 과정은
주류 담론에 대한 대항 담론의 역동적 갈등 속에서 주류 담론이
대항 담론을 차츰 배제해가는 과정일 수 있고, 그게 아니면 대항
담론이 주류 담론에 대한 새로운 대안 담론이 되어 기존의 담론을
대체하는 과정일 수도 있다. 이 글에서 시도된 인터넷 커뮤니티의
반이주 담론에 대한 분석 역시 이러한 관점에서 시도되어야 한다.[1]

반이주 담론의 유형

"다문화" 키워드로 3759건의 글이 검색_{2010년 12월 4일 기준, '다문화정책 반대'}
_{다음 카페}될 정도로 반이주 담론의 핵심적 타격 대상은 공통적이고
명확하다. 대부분의 반이주 커뮤니티가 공히 다문화라는 주류
담론의 상용어에 집중한다. 다문화정책이나 제도뿐 아니라 외국인
노동자에 대한 온정주의적 시각 역시 반이주 담론의 공격 대상이다.

아직까지 한국의 반이주 담론은 이론적으로 체계화되거나, 정치적 슬로건의 형태도 되지 못한 '날것의 담론'이라고 할 수 있다. 정제되지 못한 담론이므로 몇 개의 유형으로 구분해보는 것이 유용할 것이다. 이 글에서는 반이주 담론을 크게 3개의 중심 담론과 4개의 주변 담론으로 나누었다. 중심 담론은 경제 담론, 민족 담론, 치안 담론이고 주변 담론은 종교, 반자본주의, 반엘리트주의, 보건 담론 등이다. 3개의 중심 담론 중에서도 경제 담론과 민족 담론을 핵심 담론으로 놓았는데, 이는 두 유형이 양적으로도 압도적일 뿐 아니라 담론 주체가 담론을 어떻게 사회적으로 재구성하는가라는 측면에서 반이주 담론의 특성을 가장 잘 보여준다고 판단했기 때문이다.

1. 중심 담론: 경제 담론, 민족 담론, 치안 담론

반이주 담론 중 가장 많은 양을 차지하는 것이 경제 담론이다. "경제"를 키워드로 1422건의 글, "일자리"를 키워드로 1005건이 검색되었다. 2010년 12월 4일 기준, 다문화정책 반대 다음 카페 예를 들어 외국인 노동자대책시민연대의 창립선언문은 반이주 담론에서의 전형적인 경제 담론을 보여준다.

> 외국인 노동자들이 벌어들인 수익은 수입된 자국산 식료품 비용으로 지출하고 대부분을 자국으로 송금하고 있다. 이는

우리 국내에서 소비활동이 전혀 발생하지 않는 것으로 우리
순환경제에 전혀 도움이 안 되는 것이다. (…) 서민들이 일자리
하나 가지지 못해 무너진다면 중산층과 상류층의 안정을
기대할 수 없는 것이고 우리 사회는 혼란으로 무너질 것이다.
이럴 때도 과연 외국인 노동자들이 우리 사회를 지탱하리라고
보는 사람은 없을 것이다. (…) 저임 외국인 노동력에 의지하는
영세 기업은 우리 경제성장에 전혀 기여하지 못한다. 경제
발전 기여란 내국인 고용 창출과 수출 기여, 외화 획득,
기술 개발, 환경 문제 해결 중 하나라도 충족되어야 하지만
현재 노동집약산업은 어떠한 기여도 없이 우리의 선진국형
산업구조조정에 오히려 방해가 되는 업종이다

창립선언문, 외국인 노동자대책시민연대 http://njustice.org

외국인 노동자에 의한 임금 하방압력 효과에 대한 논의도
나온다(해당 글에서는 "자본가들의 임금동결"로 표현). 그러나
외국인 노동을 전면 금지시키더라도 해당 저임금 노동에 내국인이
유입되지 않으며, 내국인 노동자 유인을 위해 최저임금을 대폭
상승시킬 경우 오히려 자본이 해외로 탈출할 가능성 등에 대해서는
논의되지 않는다.

다문화정책의 이면엔 저가의 인력을 계속 붙들어주고 아울러
임금동결 상태를 계속 유지하려는 더러운 기득권 놈들의

술수가 담겨 있죠. 인권은 그걸 가리기 위한 위장일 뿐입니다. 만날 자본가와 투쟁할 것인 양 굴던 사이비 진보들이 여기 같이 닐리리 하고 있는 것도 웃기는 현실입니다. 다문화와 불체자 추방 문제를 논할 때는 단순한 애국심이나 민족의식에 호소하는 것보다 저런 이면의 기득권들의 목적을 악착같이 물고늘어지는 게 효과가 아주 좋습니다. 특히 다문화에 거품 무는 사이비 진보들에게 "자본가들의 임금동결" 논제를 던져주면 100퍼센트 쥐약 먹은 쥐새끼처럼 비실거립니다.

"다문화는 우리 국민들을 기만하기 위해 만든 허상일 뿐이다", 다문화정책반대 카페

두 번째로 많은 담론은 민족 담론이다. "민족" 키워드로 1046건이 검색된다.2010년 12월 4일 기준, 다문화정책 반대 다음 카페. 뒤에서 자세히 논하겠지만, 민족 담론은 국가경쟁력 담론과 주로 결합해서 표현된다. "극우파" 또는 "인종주의"라는 사회적 비난에 반이주 담론의 주체들이 상당히 민감하게 반응하고 있기 때문에 노골적인 인종차별 발언이나 혈통 중심적이고 배타적인 민족주의적 주장은 삼가는 분위기다. 이는 다문화주의가 주류 미디어의 지속적인 캠페인과 정부의 홍보를 통해 한국 사회에 시민적 상식의 하나로 어느 정도 뿌리내렸음을 시사한다(물론 그 시민적 상식은 시민들이 공론장에서 합의 과정을 통해 도출해낸 다원주의의 결과물이라기보다는 "먹고살아보겠다고 만리타국에 와서 고생하는 사람들"이라는 식의 온정주의에 기댄 모호한 정서적 분위기에 더 가깝다. 하지만 이 정도의

정서만으로도 극단적인 인종차별적 발언들을 일정하게 자제시키는 효과를 발휘할 수 있다). 그럼에도 불구하고 반이주 담론이 상당 부분 기대고 있는 정서가 순혈주의라는 점은 종종 노출된다. 아래와 같은 글이 그 예다.

> 대부분의 사람은 외국인이 한국에 귀화하여 한국말을 하고 한국 풍습을 따르면 그 사람을 한국인으로 간주하는데 이는 엄청난 실수가 아닐 수 없다. 그들은 그저 한국인의 탈을 쓴 외국인일 뿐 핏줄까지 한국인은 아니다. (…) 청은 자본과 부국강병을 민족보다 중요시 여겨 민족성을 무시한 채 부국강병만을 추구한 결과, 그들은 민족을 상실했고 그들의 나라 또한 역사에서 지워져버렸다. 만약 여진족이 원나라를 본떠서 한족을 통치했더라면 그들은 지금까지도 생존해 있을 것이고 지금 독립국을 세웠을지도 모른다.
>
> "여진족과 몽골족의 차이점, 다문화가 민족말살인 이유", 다문화정책반대 카페

중심 담론 중 세 번째는 치안 담론이다. "범죄" 키워드로 1592건이 검색된다._{2010년 12월 4일 기준, 다문화정책 반대 다음 카페} 반이주 담론에서의 치안 담론은 극단적으로 성별화되어 있다는 특징이 있다. 다시 말해 이것은 한국 남성의 시선으로 본 치안 담론이며 많은 경우 한국 여성이 외국인 노동자의 야만적 범죄(주로 성범죄에)에 희생되거나 성적 유혹에 굴복한다는 서사 형태를 띤다.

그는 "파키스탄·방글라데시 등 서남아시아 출신 노동자들
사이에 한국 영주권을 취득하는 방법에 대한 '매뉴얼'이 돌고
있다"고 했습니다. 매뉴얼에 "한국 여자를 무조건 임신시켜야
한다"고 돼 있어요. 임신을 빌미로 한국 여자와 결혼한 후 2년이
지나면 한국 영주권이 나오고, 영주권이 나온 후에 이혼하면
된다는 것이죠. "정신지체장애 여성이나 미성년자, 이혼녀 등을
노려야 후환이 없다는 이야기가 떠돌고 있습니다."

"외국인 노동자, 강간을 해서라도 한국 여자 무조건 임신시켜라", 다문화정책반대 카페

2. 주변 담론: 종교, 반자본주의, 반엘리트주의, 보건 담론

중심 담론만큼 많이 논의되지는 않지만 자주 거론되는 담론들을
주변 담론으로 유형화했다. 크게 네 가지로 종교 담론, 반자본주의
담론, 반엘리트주의 담론, 보건 담론이 그것이다. 종교 담론은
서남아시아인을 겨냥한 것으로 사실상 반이슬람 담론이라 봐도
무방하다. 이슬람에 대한 근거 없는 비방과 9·11 이후 테러 공포를
자극하는 탈레반 관련 담론이 대부분이다. 아래 사례는 KBS
프로그램 〈러브 인 아시아〉 시청자 게시판에 올라온 글로, 글쓴이는
해당 내용이 미국 CIA가 매년 발간하는 「The World Fact Book」
보고서라고 밝히고 있으나(글쓴이는 2007년 보고서라고 밝혔다) 물론
사실 무근이다.

이슬람 세계화의 단계별 전략

1단계_한 국가에 무슬림 인구가 1퍼센트 내외일 때 평화를
사랑하는 소수 그룹을 지향하며 수면 밑에 잠복한다.

2단계_무슬림 인구가 2~3퍼센트로 소폭 증가할 때 감옥에
수감된 재소자들을 집중적으로 이슬람화하여 무슬림으로의
개종을 시도한다.

3단계_무슬림 인구가 5퍼센트를 넘어설 때 무슬림 인구의
비율을 더욱 높이기 위한 본격적인 전략이 시작된다.

4단계_무슬림 인구가 20퍼센트를 넘는 것을 기점으로 폭동과
소요 사태가 시작되고 이슬람의 성전Jihad을 일으킬 테러단을
조직한다.

5단계_무슬림 인구가 40퍼센트를 돌파할 때 광범위한 학살이
자행되고 상습적인 테러가 발생한다. 조직화된 세력에 의한
전시체제로 이행한다.

6단계_무슬림 인구가 60퍼센트를 넘어서면 전혀 구속받지
않고 기독교와 다른 종교를 박해하고 탄압한다. 인종청소가
시도되며, 이슬람 율법 샤리아를 근간으로 이슬람을 강요하고
이슬람에서 개종한 배교자Infidel에 대한 세금폭탄 등의 압박이
시행된다.

7단계_무슬림 인구가 80퍼센트를 넘어서면 국가 주도로 대규모
인종청소와 대학살이 자행된다.

마지막 8단계_무슬림 인구가 100퍼센트가 되면 무슬림만의

평화의 집Dar_es_salam이 국가 최고법 헌법에 우선하는
신정일치체제를 구현한다. 머지않은 한국의 이슬람화는
2020년이다.

이슬람의 한국 진출 전략과 그 대응 방안, KBS 방송국 〈러브 인 아시아〉 시청자 게시판

반이주 담론은 급진적인 반자본주의 논리로 이어지기도
한다. 자본주의는 과거에 교환가치로 환산되지 않던 영역까지도
하나하나 자본의 영토 내로 복속시켜온, '끝없이 굴러가는
수레바퀴'라고 할 수 있다. 자본의 이동이 국경을 허물고
이주노동이 전 지구적으로 전면화하면서, 일국적 노동시장에서
사회적 약자의 피해의식과 공포가 자본주의 자체에 대한 거부의
형태로 극대화되는 것은, 비단 한국 사회만의 문제는 아니다.

국가별 인종의 문제들은 계속해서 희석될 것이고, 자본의
이익이 극대화될수록, 빈익빈 부익부의 현상은 한 국가만의
문제가 아니라, 지구촌 전체의 문제로 점점 더 확대될 것이다.
이제 국가의 개념은 민족의 문제, 문화의 문제, 공통성의 문제가
아니라, 철저히 자본의 논리에 의해 설득당하고, 기만당하며,
꾸준히 착취당하면서, 계속해서 생성되고 변화하고 진화할
것이다. 자본의 논리는 더 나아가 철저히 국가의 개념과, 평등에
필연적으로 수반되는 의무의 개념까지도 흐리고 혼탁하게 만들
것이다. 그 점에서 불법체류자들 앞에서도 인권이라는 인간성의

가면을 뒤집어쓴 시장만능주의자들이 사람들의 감정적 대응을 보며 크게 비웃고 있음을 간과해선 곤란하다. 사실 우리가 싸워야 할 진정한 적은 시장 윤리와 인간이 인간다운 삶을 보장받지 못하도록 끊임없이 착취하고 위협하는, 자본의 윤리를 망각해버린 '투기자본과 시장만능주의자들'인 것이다

"인종차별과 불법체류 문제와 자본의 논리", 다문화정책반대 카페

반엘리트주의 담론도 종종 등장한다. 엘리트, 기득권자, 특권층이 자신들의 '철밥통'은 보호하면서 중산층과 서민들의 밥그릇을 빼앗거나 무한경쟁의 링으로 밀어넣는다는 것이다. "무경쟁 한국 엘리트, 초경쟁 한국 서민"이라는 글다문화정책 반대카페은 "선진국일수록 엘리트끼리 치열하게 경쟁하고 후진국일수록 서민끼리 치열하게 경쟁한다"면서 "경쟁력도, 경쟁도 턱없이 부족한 것은 한국의 법조계와 언론계에 서식하는 쓰레기 엘리트다. 이들을 경쟁으로 내몰아야 한다. 그래야 한국이 바로 선다"라고 쓰고 있다. "한국의 다인종화 누구에게 가장 이익인가?"라는 글은 다인종 혼혈화가 기득권의 음모라고 주장한다.

특권층의 입장에서는, 즉 서민층이 성장해서 기득권을 위협하는 것을 더욱 힘들게 만들 수 있으니 외국인을 대량 유입시켜 서민층에 뿌려놓으면, 서민들은 그 외국인들과 피 튀기는 경쟁을 하게 되니 더욱 힘이 소진되어서 기득권층에 도전하지

못합니다. 즉 서민층을 다인종·혼혈화시키면 시킬수록,
서민층은 갈기갈기 찢어져서 서로 인종 간, 문화 간, 종교 간에
대립하고 갈등하고 그러면서 에너지를 소모하다보면, 절대로
기득권층으로 올라서기가 더욱 힘들어집니다. 어차피 특권층은
이런 작업을 더욱 공고히 하기 위해서 특권층들만 권력에
쉽게 접근할 수 있도록 로스쿨, 국제고, 특목고, 외국어고,
의학대학원 등 서민층의 자식들이 더욱더 접근하기 힘들게
세습을 제도화해나갑니다.

"한국의 다인종화 누구에게 가장 이익인가?", 다문화정책반대 카페

마지막으로 보건 담론이다. 보건 담론은 외국인들이 한국에
대거 유입되면서 과거에 없던 전염병이나 질병이 창궐한다는
주장이다. 보건 담론은 이주노동자를 미지의 외부세계로부터
침입한 위협으로 간주해 사회 내부 성원의 불안과 공포를
조장한다는 점에서, 치안 담론과 일맥상통한다. 아래와 같은 글이
전형적이다.

"몇 년 전부터 후진국형 전염병이 크게 늘어난 사실은 방송
등을 통해 알고 계실 겁니다. 머릿니가 갑자기 급격히 불었다는
외국인 노동자 많은 지역, 볼거리 유행, 정말 공교롭게도
외국인들의 급격한 유입 시기와 겹치고 외국인 노동자들의
성 해방구 같은 글 보면 정말 두려운 지경입니다. 한국 내에

에이즈가 얼마나 급격히 늘고 있을까요?"

"보건당국에서 전염병 수입은 말았으면 하는 바람으로 올립니다", 다문화정책반대 카페

반이주 담론의 특성

1. 담론 주체의 자기규정

반이주 담론의 주체에게서 도드라지는 점 중 하나는 '이념적 아노미'이다. 이념적 아노미는 여러 방식으로 접근할 수 있겠지만 여기서는 '담론 주체가 사회에서 범용하게 통용되는 이념적 기준으로 자신을 규정할 수 없을 때 발생되는 혼돈과 불안'으로 정의한다. 이것은 다양한 현실 정치 세력, 또는 이념 집단의 이주 문제 관련 담론들 중 어떤 것도 자신들의 주장과 부합하지 않는다는 사실에 대한 당혹스러움으로 직접 표현되거나, 반이주 커뮤니티 내부의 첨예한 이념적 갈등으로 비화되기도 한다.

> 제가 이해가 안 가는 건 우리가 뇌빠노무현 지지자를 가리키는 말들과 진보들처럼 정치적인 반정권 투쟁을 하자는 게 아니라 다민족과 불체자 문제에 걸려 있으면 그게 어떤 정권이든 비판을 하자는 겁니다. 정권 반대가 아닙니다. 운하 얘긴 한열사가 뇌빠들 소굴이니 작전상 한 소리고 아무튼 현 정권과 여당의 여러 못 믿을 행보들을 보셨음에도 이렇게 극구 옹호를

하시는 이유를 모르겠군요. 여당의 불체자 자녀교육권 법안부터
시작해 헌법까지 뜯어고치자고 하면서 다문화 하자는 게 현
여당과 정부 인사들의 수준입니다. 당대표와 영부인이 외국인
불러다 단일민족이 아니란 발언한 것으로 이미 아웃 아닌가요?

"대운하 광신도들과 다문화 광신도들의 공통점" 댓글, 다문화정책반대 카페

이념적 아노미를 겪는 상황의 한편에서 반이주 담론 주체들은
자신들을 규정하는 특정한 표현을 공유하고 있었다. "애국시민"이
그것이다. 애국시민의 반대편에는 "매국노"가 놓인다. 반이주
담론에서 애국시민은 극우주의 또는 인종주의라는 비판을
민감하게 의식한 표현이다.

쥐박이 지지자, 딴나라당 당원, 뉴라이트 회원, 조중동 찌라시
애독자로 몰아세우며 극우로 단정짓는다. 한국에 있지도 않는
네오나치, 스킨헤드, KKK단으로 묘사한다. 한국에서 갖은
악행을 자행하는 파키, 방글라, 인디 같은 서남아 무슬림들을
성토하면 모조리 '개독'으로 몰아세운다.

"애국시민들에게 매국노세력이 가장 많이 써먹는 시나리오", 다문화정책반대 카페

이들이 주장하는 애국시민은 결코 다수파, 주류가 아니다.
비주류 집단이자 사회적 소수자이고, 우리 사회의 진실을 많은
사람에게 알리려는 '고독한 선지자'다. 애국시민은 국적이나

민족성 따위를 신경 쓰지 않고 사익만을 추구하는 집단과
구별하기 위한 명명이다. 국가주의와 민족주의 전통이 강하고
어소시에이션association, 결사체의 전통이 전무한 한국에서, "애국"은
공익과 공공선에 대한 사심 없는 헌신을 가리키는 몇 안되는
상징적·특권적 어휘다.

2. 국익주의: 민족 담론과 경제 담론의 결합

반이주 담론의 또 따른 특징은 민족 담론과 경제 담론이 많은
경우 불가분의 형태로 결합된다는 점이다. 민족 담론이 순전히
낭만주의적 애국심이나 민족애, 혈통을 강조하는 방향으로
표현되는 경우는 극히 드물었다. 또한 경제 담론에서 이익과 손해의
판단이 순전히 시장 논리로 재단되지도 않았다. 반이주 담론의
두 핵심 담론인 민족 담론과 경제 담론은 대부분 '민족주의 또는
국가주의의 논리가 경제 논리로 정당화되는 형태의 담론'으로서,
말하자면 '국익주의' 담론이라 재정의해볼 수 있다. 국익주의
담론은 온전히 민족주의에 포섭되지도, 완벽히 시장 규율에
복종하지도 않으려는 담론 주체가 편의적으로 공적 담론에
대응하기 위해 상상적으로 구성한 합리화 전략이다. 따라서
태생적으로 논리적 정합성을 결여할 수밖에 없다.

　　반이주 담론에서 드러나는 "국익"은 매우 모호하고
혼란스럽게 사용되는데, 국가를 글로벌 시장 경쟁의 가장 중요한

단위로 사고한다는 공통점이 있다. 또한 소위 다문화정책과
관련한 재벌, 정치인, 시민운동 단체 등의 이해관계를 세분화해
분석하고 정부 재정의 악화가 서민들에게 경제적 타격을 줄 것이라
주장하면서도, 애국시민으로 규정된 개인들 사이의 계급적 차이나
이해관계에 대해서는 구체적으로 언급되지 않는 경향이 있다.

박노자는 한국의 민족주의에 대해서 상상의 공동체론 같은
관점으로 그 허구성을 질타하기에 바쁘다. 하지만 그러한
민족적 단일성 내지는 민족의식 때문에 중국은 오히려 한국을
부러워한다.

"중국이 한국에서 부러워하는 점: 단일 민족이기 때문에 높은 경쟁력을 갖는다",
다문화정책반대 카페

3. 사회적 적대의 재구성

애국시민으로서의 자기규정 그리고 국익주의 담론은 공히 하나의
공통된 현실 인식에서 비롯한 것이라 볼 수 있다. 개혁정권 10년
이후 정권 교체가 일어났음에도 이주 문제에서 정부의 인식과
정책은 본질적으로 변하지 않았다는 인식이고, 경제적 어려움을
포함해 삶 전체의 안정성이 총체적으로 허물어지고 있는 자신들이
그 최대의 희생양이자 피해자라는 의식이다. 이는 좌파/우파 혹은
진보/보수도 모두 한통속이라는 '사회적 각성'으로 이어진다.

우리나라는 확실히 좌우를 막론하고 다문화 대세라는
것을 또 한 번 느꼈습니다. 어느 사이트 정치 게시판에서
어떤 우파인 사람과 얘기를 나눴는데요, 좌파는 이미 아예
포기했고, 우파와는 어느 정도의 의견 일치를 예상하고 의견을
나눴습니다. (…) 정말 놀랐습니다. 다문화주의에 매우 찬성하는
입장이고 이는 주류 우파의 의견과 같다고 생각됩니다. 주류
정당들(여야 포함)이 이미 다문화를 지지하고 있는 마당에
참으로 할 말을 잃게 되네요. 우파는 저와 어느 정도 의견이
일치할 거라 생각했지만 크게 착각한 듯합니다.

"어느 사이트 정치 게시판에서 어떤 우파와 얘기를 나눴는데요", 다문화정책반대 카페

다문화족들은 우파가 정권을 잡으면 금방 우파에 붙고, 좌파가
정권을 잡으면 좌파에 붙습니다. 즉 실상 다문화족들은 정치
성향이 없으며, 어떻게 하면 나라 팔아 돈 벌어볼까만 생각하는
족속들입니다.

"다문화는 우파/좌파 문제가 아닌 매국노 문제", 다문화정책반대 카페

반이주 커뮤니티 초기 회원들 중에서 상당수는 유력한
정치인이나 집단에게 이주 문제의 해결을 요구하기도 했지만,
최근 들어서 그런 움직임은 "별 소용없는 것"이라는 인식이 확산된
상태다. 회원들은 한국 사회의 좌파와 우파, 진보와 보수 진영 모두
다문화라는 잘못된 정책에 대해 한목소리를 내고 있다고 생각하며,

일부는 무지에 의해, 대다수는 자기들의 이해관계 때문에 정부의 다문화정책을 지지하는 것이라 믿는다. 이에 따라 반이주 담론의 전선은 좌파와 우파 혹은 민족주의자와 탈민족주의자 사이에 그어지는 것이 아니라 국익이 아닌 사익을 추구하는 좌우파 세력 전체 매국노와 애국시민 사이에 그어지게 된다.

기존에 첨예해 보이던 사회적 적대관계가 실은 현실에서 실제로 벌어지는 적대를 은폐하는 사이비 적대에 불과했다는 일종의 '인식론적 전회'는 대항 담론의 필요조건 중 하나라고 할 수 있다. 담론은 사건을 유형화하고 의미화하는 사회적 실천이며, 주류 담론을 깨뜨리는 대항 담론이 되기 위해서는 같은 사건을 다른 방식으로 체계화하고 재구성할 수 있어야 한다. 반이주 담론은 이주 담론에서 주류 담론이라 할 수 있는 다문화 담론의 현실적·논리적 정합성을 공격하는 것을 넘어 이주 문제를 중심으로 사회적 적대를 다시 재배치하고 '재코드화'하기 시작한 것으로 보인다.

'찻잔 속의 태풍'인가, '네오라이트'의 징후인가

이 글은 반이주 담론의 유형과 담론 주체의 자기규정 방식을 분석함으로써, 반이주 담론이 크게 국익주의라는 프레임을 통해 사회적 적대를 재구성하고 있음을 보고자 했다. 반이주 담론

주체들은 자신들이 합리적이라 생각하는 주장을 현실정치 세력
중 어느 곳도 제대로 대변해주지 않는다는 사실에 당혹감과
분노를 느끼고 있다. 이러한 이념적 아노미와 반이주 담론 내부의
크고 작은 담론 투쟁 등을 거치면서, 반이주 담론은 자신과 적의
정체성을 점차 분명히 규정하며 대항 담론으로 성장하고 있다.

　　아직까지 반이주 담론이 현실정치 세력으로 응집되는 징후는
보이지 않는다. 드물게 자신들이 "정치화되지 못하기 때문에
실패하는 것" "정치세력화에 대해서", 다문화정책반대 카페이라면서 반이주
담론에 공감하는 사람들이 정치세력화해야 한다고 호소하는 글이
올라오지만, 실제로 조직화하는 기미는 보이지 않았다. 하지만
한국 사회에서 이주 문제가 좀 더 첨예화될 가까운 미래에, 반이주
담론이 지금 재구성하고 있는 사회적 적대의 구도가 정치적 대변
세력을 만나 일거에 전면화할 가능성이 전혀 없는 것은 아니다.

　　한국 사회의 이념적 단층선은 현실 제도정치라는 장
내부에서는 양대 세력 간의 투쟁으로 단순화되어 표현되곤 했다.
이른바 냉전·반공주의에 기반한 '산업화 세력'과, 탈냉전·자유주의에
기반한 '민주화 세력' 간의 갈등이 그것이다. 이 전선은 오랫동안
한국 사회의 좌파와 우파를 가르는 현실적 기준이 되어왔고, 실제로
당시로서는 가장 첨예한 사회적 적대의 하나를 표현한 것이었다.
그러나 1987년 6월 민주항쟁 이후 25년이 지난 지금 시점에서,
그것은 시대 현실과 부합하지 않게 된 지 오래다. 현실정치 세력이
여전히 이 낡은 적대를 가장 첨예한 적대인 것처럼 포장하고

연출하지만 그것은 정치적 생존을 위한 수사에 불과하다.
한나라당과 민주당의 이념적 간극이란 극히 미미해서 사실 대다수
주요 사회·경제정책에서 아무런 차이를 보이지 않는다. 이명박
정권이 국회에서 날치기로 비준한 한미 FTA는 노무현 정권이 처음
추진했던 한미 FTA와 본질적으로 동일한 것이었다. 1990년대 들어
우파와 재벌들이 필사적으로 관철시키려 했던 '노동 유연화'를
가장 충실히 이행한 것은 산업화 세력이라 불린 집단이 아니었다.
비정규·불안정 노동을 폭발적으로 양산시킨 정치 세력은 오히려
민주화 세력에 속한 두 정권(김대중·노무현 정권)이었다.

　　우파의 상황은 어떨까. 1997년 외환위기 이후 본격화된
신자유주의 개혁은 한국 사회를 전면적으로 소거시키는 과격한
변화였다. '과격한 변화'라는 말의 의미는 강자가 약자가 되고
약자가 강자가 되는 역전이란 뜻이 아니다. 강자는 더욱 압도적인
강자가 되고, 약자는 패자부활의 기회도 없이 나락에 떨어지는,
전례 없이 가혹한 양극화와 승자독식의 사회가 도래했다는 의미다.
중간계급이 붕괴하고 빈곤층이 급증하면서 경제 상황에 대한
불만은 팽배해지는데 해결책은 나오지 않았다. 그러기는커녕
사태는 악화 일로였다. 경제 상황은 부동층을 민주화 세력에
등 돌리게 만들었다. 개혁 정권 10년을 "잃어버린 10년"이라
조롱하던 우파는 부동층의 지지와 '747공약^{성장률 7퍼센트, 소득}
^{4만 달러, 세계 7대 대국}'을 내세워 2007년 끝내 정권을 탈환하는 데
성공한다. 그러나 '경제만은 살릴 수 있을 것'이란 지지자들과

국민의 믿음이 산산조각 나는 데는 오랜 시간이 걸리지 않았다. 그 와중에 '뉴라이트'라는 자들이 우파의 미래를 자임하며 화려하게 전면에 등장했다. 이들은 서민의 삶과 별 관계없는 역사 논쟁을 벌이며 담론 투쟁에 몰두하고, 그것이 소위 '기층우파'들이 '엘리트 우파'들의 무능에 염증을 느끼게 된 결정적 계기 중의 하나가 되었다. 우파 내부에서도 우파의 어떤 '공백'에 대한 불안 혹은 공포가 점차 확산되어갔던 것이다.

반이주 담론의 생산자와 소비자, 다시 말해 '반이주 담론의 향유자'들은 넓게 보아 기층우파에 속한다고 할 수 있다. 이들의 담론을 살펴보면 냉전적 사고방식에서 비교적 자유롭지만 경제적 이해관계에는 매우 민감하다. 전통적인 한국 우파가 내면화한 이념이나 감수성과 상당히 이질적이며 오히려 유럽 극우 정당의 이념과 더 친화적이다. 뉴라이트의 시선이 과거를 향해 있다면 이들의 시선은 명백히 '지금 여기'의 현실을 가리키고 있다. 그리고 더 실증적이고 현실적이다. 만약 이들이 유의미한 현실정치 세력으로 조직화한다면 무엇이라 불러야 할까? '올드 라이트'와 다르고 뉴라이트와도 구별되는 '네오라이트neo-right'가 아닐까?

중간계급이 붕괴되면서 극소수의 상층부와 대다수의 하층부로 사회가 양극될 경우, 우파든 좌파든 현실 정치는 점점 더 포퓰리즘적인 것이 될 수밖에 없다. 양극화가 심화될수록 현실 정치는 팽배한 사회적·경제적 불만을 얼마만큼 효과적으로 위무하고 또 해소(해결이 아니라)시켜주느냐를 경쟁하는 게임이

된다. 고도성장기를 끝내고 만성적인 실업과 경기 침체에
직면한 선진국에 거의 예외 없이 반이주 담론이 창궐하고 또
정교화·세련화되어 극우 세력의 비옥한 토양이 된 데에는 다
이유가 있었다. 내부의 타자를 사회적 불행의 원인으로 돌리는 데
있어서 반이주 담론만큼 효과적이고 강력한 담론은 드물다. 어쨌든
현재로서는 모호한 예언이 될 수밖에 없겠지만, 그럼에도 불구하고
네오라이트의 출현 가능성을 주시해야 할 필요성은 충분하다.
변화가 좌파만의 전유물은 아니며, 우파의 불만 또한 임계에 달해
있기 때문이다.

박권일을 만나다

박권일은 6장에서 한국 사회의 적대를 재조명한다. 적대는 단순히 좋고
나쁨, 선과 악으로만 표현될 수 없으며, 한 사회의 다양한 이익이 촘촘하게
모여서 만들어진다. 다만 그것을 강렬하고 선정적이며 특수하게 재현하는
시각들은 사람들로 하여금 그 촘촘한 그물망을 인식하지 못하게 만들고
있다. 필자는 이 점을 간파하면서 한국 사회 내에서 주요 이슈로 떠오르고
있는 이주노동자들을 둘러싼 담론을 세세하게 바라본다. 여기에는 우파의
불안과 그 미래가 잠재되어 있기 때문이다. 자연스럽게 이 장의 핵심
키워드인 '적대'의 문제부터 물어봤다(인터뷰어가 던진 질문은 '글'로, 답변을
해준 필자 박권일은 '일'로 표기했다—편집자 주).

한국 사회는 어떤 적대에 둘러싸여 있는가

글: 선생님이 특별히 우려하는 한국 사회 내 적대의 구도가 있나요?

일: 특별히 우려하는 적대라기보다는 '새로운' 적대와 '낡은 적대'라는 대목을 유심히 살펴봐야 할 것 같습니다. 그리고 선과 악의 대결로 보이는 그 적대적 구도가 사실은 허위라는 점도 알아야 할 필요가 있어요. 예를 들어 노무현 정부와 이명박 정부의 구도를 봅시다. 둘이 치고 박고 싸우는 듯하지만 그 안에서 적대란, 싸우고 있는 것처럼 보이는 허위일 뿐입니다. 이게 선과 악의 대결처럼 인식되는 건 참 우스운 일이에요. 저는 이 허위를 지적하기 위해 '소설 맥거핀'이란 개념을 제안한 적이 있습니다.

글: 소설 맥거핀이라……. 좀 더 설명해주신다면요.

일: 맥거핀은 다들 알다시피 히치콕 영화에 쓰였던 영화상의 기법이죠. 한 영화에서 어떤 이야기가 매우 중요한 것처럼 묘사되지만 결국 영화 전체로 봤을 땐 아무것도 아니었던 일종의 속임수인 거죠. 저는 한 사회 안에서 적대가 만들어지고 보이는 것에도 이런 원리가 있다고 봅니다. 요약하자면 가짜 적대의 생산이 많아지는 거죠. 그런데 사람들이 정말 들여다봐야 할 적대는 따로 있다는 겁니다.

한국엔 '민주화 대 산업화' '민주화 대 반민주화' 같은 구도가 여전히 강하게 작동하고 있습니다. 그런데 이 구도가 낡은 적대인 건 먹고사는 문제 속에서 계급과 노동의 문제는 철저하게 은폐되어 있기 때문입니다. 또 이상한 게 노무현 전 대통령의 FTA는 '착한' FTA, 이명박 대통령의 FTA는 '나쁜' FTA라는 구도죠. 이는 명백한 거짓말입니다. FTA 체결이라는 문제 자체를 희석시켜버리는 것으로, 실제 적대를 은폐하는 언론의 문제도 심각합니다. 사례의 특수화로만 몰고 가서 사람들을 혼란에 빠뜨리니까요.

글: 하나의 사례로 들어가서 이 적대의 문제를 더 이야기해보고 싶습니다. 최근 인터넷에서 적대의 한켠에 있는 대상 가운데 조선족 문제가 눈에 띄었습니다. 적대로 삼아가는 과정 속에서 인터넷상의 커뮤니케이션을 보면 한국인과 비한국인의 구도, 거기서 비한국인에 속한 조선족을 포함한 다른 인종들을 서열화하는 표현들이 눈에 자주 보이더군요.

일: 조선족은 한국어가 가능하기 때문에 직업 선택의 폭이 훨씬 넓습니다. 다른 외국인 노동자가 언어 문제 때문에 종사하는 게 불가능한 서비스업종에 많이 있죠. 게다가 어느 정도 한국에 적응한 다음부터는 연변 사투리를 거의 쓰지 않는 조선족도 적지 않습니다. 이들에 대한 적대감은 겉보기에 한국인과 구별하기 어렵기 때문에 더 강화되는 것처럼 보입니다. 조선족이나

탈북자에 대한 남한 사회의 인종적 반감을 보면서 영화 〈블레이드
러너〉를 떠올렸습니다. 영화에서는 홍채 반응을 제외하고 인간과
완전히 똑같은 리플리컨트가 얼마나 인간에게 혐오와 반감을
불러일으키는지 묘사됩니다. '우리'와 전혀 다른 존재가 우리와
똑같이 생겼다면 혐오감은 배가되는 걸까? 이것은 공동체의
멤버십이라는 민감한 뇌관과 직결되어 있습니다. 이 방대한 주제를
짧게 정리하기엔 무리가 있을 듯합니다. 다만 한 가지 지적하고
싶은 건 조선족과 탈북자가 일종의 '2등 국민' 지위를 형성하고
있다는 점입니다. 하위 주체가 계층화되고 있다고 표현할 수 있을
것입니다.

불안형 내셔널리즘

글: 이번 글을 읽으니 당장 떠오르는 것이 다카하라
모토아키의 『한, 중, 일 인터넷 세대가 서로를 미워하는 진짜
이유』란 책이었습니다. '불안형 내셔널리즘'이란 개념으로 한국-
중국-일본 젊은이들의 모습을 분석하면서 특히 자국의 경제적
불안을 민족적 적대로 분출해버리는 현상을 이야기했죠. 저자는
여기서 어느 정도 과장된 적대관계의 측면이 있음을 밝혀냅니다.
6장의 내용에서 보듯 반이주노동자의 중심 담론 중 가장 중요한
담론인 경제 담론의 틀을 한국의 젊은 세대의 현실과 결합해봤을
때를 가정해본다면 말이죠. 이주노동자에 대한 분노 혹은 증오는

실업 문제로 고뇌하고 있는 한국의 젊은 세대가 자신들의 불안을 분노로 전환하는 사례가 될 수 있는 것일까요. 아직 언론에서 세대적 특성으로 이주노동자에 대한 적대감을 표출하는 사례는 본 적이 없었던 것 같긴 합니다만.

일: 소위 486세대와 그 윗세대는 국내 노동 현장에서 같은 일자리를 놓고 네팔, 파키스탄, 중국인 노동자와 치열하게 경쟁해본 적이 한 번도 없었습니다. 그들 인생에서 경쟁자는 언제나 한국의 또래들이었죠.

그러나 지금 서해안 벨트의 여러 제조업 공장에서는 한국인과 외국인이 같은 공간에서 컨베이어벨트를 타는 게 일상입니다.

컨베이어 벨트를 타는 노동자의 상당수가 외국인인데, 거기서 그보다 약간 더 높은 임금을 받고 일하는 한국 청년들은 지방대 출신 또는 고졸 노동자들이에요. 100퍼센트 비정규직 노동자 고용으로 악명 높은 동희오토가 대표적입니다. 수도권의 학벌 좋은 청년 세대는 체감하기 어렵지만, 이미 지방에서는 외국인 노동자가 청년들의 경쟁자가 된 지 오래입니다. 불만이 있어도 파업을 할 수가 없어요.

제가 인터뷰한 젊은 노동자들이 공히 언급하는 내용이 있었습니다. 불안과 공포. 자신의 대체 인력이 외국에서 끝없이 몰려오고 있다는 공포감. 현장에서 매일 부대끼다보면 인종적 혐오나 이질감은 덜할 수 있지만, 경제적 지위와 경쟁에 대한 인식은 날로 격해질 수밖에 없습니다. 청년 세대의 경우 인종적 혐오감보다는 경제적 박탈감에 훨씬 민감하죠. 다카하라의 불안형 내셔널리즘을 그런 측면에서 읽는다면 설득력이 있다고 생각합니다.

'이자스민 효과'

글: 현실 정치 이야기로 들어가보겠습니다. 새누리당의 '좌클릭'이란 표현을 받아들인다면, 이자스민 의원은 어찌 됐든 새누리당이 할 수 있는 어떤 상징성을 확보한 것 같습니다. 경제민주화를 비롯해 복지라는 키워드의 선점도 주효했지만

'인권-감수성'이라는 사회문화적 키워드를 끌어온 새누리당의
전략에 대하여, 특히 이러한 '인권-감수성'의 수용이 4·11 총선에
얼마나 큰 영향을 주었다고 생각하시는지요.

일: 이자스민은 보기와 달리 새누리당의 공격카드가
아니었습니다. '방어카드'였죠. 그것도 강성이 아니라 연성
전략이었다고 봅니다. 새누리당의 극우·순혈주의 이미지를
희석하고 '부드럽게' 만들기 위한 카드였다는 것입니다. 물론 이
방어카드 아래에 깔려 있는 메시지는 매우 공격적입니다. "비록
한국보다 못사는 나라에서 왔을지라도 체제에 순종하는 엘리트가
되면 우리가 뒤를 봐주겠다", 이런 의미 아니겠습니까. SNS에서
발화한 인종주의 논란만 아니었어도 이런 노골적인 메시지는
부각되지 않고 '새누리당의 놀라운 진화'로 포장될 수도 있었을
것입니다.
　　하지만 몇몇 언론이 몇 개 되지도 않은 이자스민에 대한
인종주의적 폭언을 마치 진보진영의 대체적인 분위기인 것처럼
왜곡보도하면서 사태가 일파만파 커졌어요. 그 결과 역풍이
불었죠. 이자스민의 경력이나 영입 과정 등이 알려지면서
새누리당의 메시지를 알아챈 사람이 많아졌습니다. 결론적으로
새누리당의 이자스민 카드는 매우 탁월한 전술이었지만 효과가
반감되어버렸다고 할 수 있습니다.

글: 이어서 질문을 드려보자면, 우파를 대변하는 정당이
우파에게 공격을 당하는 형국도 발생할 것 같습니다. 그리고
좌파는 이러한 새누리당의 행보를 소위 '제스처 정치'라고 비난하며
얼마 못 갈 것이라는 소리도 들을 것 같습니다. 새누리당은 이런
양쪽의 우려를 다 감안했을 텐데, 특히 자신들의 지지층이 공격할
수도 있다는 걸 그들이 납득할 수 있을까요. 아니면 그들은 정말
제스처만 취하고 이자스민을 꼭두각시로 내세울 가능성이 큰
것일까요.

일: 앞서 말했다시피 이자스민은 방어카드이고 일종의
알리바이입니다. '다문화주의, 우리도 이 정도는 한다'는 증거란
거죠. 이자스민이 만일 대학교 청소 노동자였다면 우파 내의
반발은 어마어마했을 것입니다. 당이 풍비박산 나도 이상하지 않을
정도였겠죠.

그러나 이자스민은 일종의 엘리트 후보생으로 간택된
인물임을 주의 깊게 볼 필요가 있습니다. 이 메시지는 우파에게도
효과적으로 전달됐습니다. 그냥 액세서리로 기능하는 것이라면
피부색이 다른 사람 한두 명 늘어나는 것은 아무런 위협이 되지
못합니다. 정권을 잡고 영원히 유지할 수 있다면 우파는 이자스민
같은 이주민을 상징적으로 영입하는 일에 별로 주저하지 않을 것
같아요. 새누리당도 민주통합당도 전부 다문화주의 세력이라고
공격하는 사람들은 어차피 이자스민이 없어도 새누리당을 비난할

것입니다.

반면 새누리당은 현재의 지지자들만 안심시켜도 선거에서 수적으로 밀리지 않죠. 새누리당의 전통적 지지자들은 강자/주류를 선호하는 사람들이지 어떤 철학적 일관성을 추구하는 사람들이 아니거든요. 새누리당의 집권 가능성을 0.1퍼센트라도 높인다면, 이주노동 문제를 전향적으로 변화시키는 정책을 추진하는 등의 실질적 움직임만 없다면, 추상적 수준의 다문화주의 또는 극소수의 이주민 인사 영입 정도는 얼마든지 허용할 것입니다. 새누리당의

전략도 큰 틀에서 이런 인식 아래 유지될 것 같고 가장 현실적이고 명민한 전략이라고 생각해요. 그러나 이는 단기 전략일 뿐입니다. 정치적 주류 세대가 교체되고 이주노동 문제가 점점 사회적 갈등으로 확장될 미래에까지 계속 유지되긴 어렵다고 봐야죠.

'관변 다문화주의'와 그 비판

글: 다문화주의를 어느 주체가 전유하는가 하는 문제 속에서 진보적 색채를 띤 학계가 최근 가장 많이 쏟아내는 시선 하나가

관변 다문화주의 비판이 아닌가 싶습니다.

가령 인권이 인간이 갖는 하나의 보편적 상식이 아니라 '선진'이라는 지향점과 만날 때, 국가가 정책적으로 펼치고 있는 다문화주의는 '선진국'이라는 기준에 부합하기 위한 모양새 갖추기이며, 이는 한국 사회 내 복잡다단한 이주노동의 현실을 은폐해버린다, 같은 주장은 진보진영이 다문화주의를 비판할 수 있는 대표적 시선이 아닐까 생각합니다.

그런데 궁금한 것은 이러한 관변 다문화주의 비판은 일종의 학문적 유행 아래 강조되고 있는 과장된 해석의 집합체일까요, 아니면 정말 한국 정부와 사회가 만들어가는 다문화주의엔 관변화된 실체가 심각한 형태로 있는 것일까요?

일: 관변 다문화주의라는 수사는 분명 현실의 어떤 지점을 적절히 꼬집고 있는 듯합니다. 그러나 문제의 핵심을 건드리는 말은 아니라고 생각합니다. 다문화주의는 역사적 맥락을 가진 문화 현상일 뿐 아니라, 시민권이라는 지극히 구체적인 층위의 난제에 직면한 근대 정부 또는 근대국가의 행정적 대응이기도 하기 때문입니다.

요컨대 모든 다문화주의는 관변 다문화주의입니다. 다만 국가별로 정도의 차이는 있겠죠. 시민사회의 성격에 따라서도 다문화주의가 받아들여지는 모양은 달라질 수 있습니다. 따라서 "다문화주의에 관변화된 실체가 있느냐, 없느냐"라는 질문은 쓸모

있는 물음은 아니라고 봐요. 꼼꼼히 관찰해본다면 아마도 한국의
다문화주의에 관변화된 실체는 있겠죠.

그러나 그게 어쨌단 말인가요? 복잡다단한 이주노동의 현실이
은폐되고, 또 정부가 지속적으로 은폐를 시도하는 것은 서유럽
선진국도 마찬가지입니다. 역으로 이렇게 반문해볼 수도 있습니다.
관변 다문화주의가 아닌 '민간 다문화주의'라면 괜찮은가? 그렇지
않죠. 관제 냄새가 코를 찌르는 관변 다문화주의라 해도 사회
구성원이나 이주노동자의 인권 향상에 실질적인 도움을 준다면,
그에 걸맞은 긍정적인 평가를 할 수 있는 것입니다. 반대로 시민들
사이에서 자연스럽게 형성된 다문화주의라 해도 그것이 특정한
주체(예컨대 탈북자)를 배제하는 서구-백인 지향의 다문화주의라면
비판받을 지점이 있는 것이죠.

보편적 상식으로서의 인권이 아니라 선진국 따라잡기의
일환으로 다문화주의를 추진하는 것에 대한 비판 역시 둔탁하고
순진한 주장이긴 마찬가지입니다. 그게 어쨌단 말인가, 라는 반문이
또 나올 수밖에 없거든요.

사회진보라는 것은 구성원들 한 명 한 명에게 진보적
가치관이 내면화된 뒤 도래하는 유토피아가 아닙니다. 대개의
사회적 진보는 권력의 '불순한' 동기와 의도들이 사회환경과
상호작용하는 과정에서 성취되는 것이에요. 그것은 사회문화적
인프라가 갖춰지지 않은 상태에서 제도와 법이 작위적으로, 심지어
폭력적으로 이식되는 상황을 의미합니다. 후진국 독일이 서유럽의

변방에서 주류로 올라설 수 있었던 것은 국민 개개인의 지적 도약이 일시에 일어나서가 아니라 엄청난 에너지를 갖고 '선진국 따라잡기'를 추진하면서부터였단 점을 잊어서는 안 될 것입니다.

박권일. 『자음과모음 R』편집위원. 월간 『말』기자 역임. 주요 저서 『소수의견』 『88만원 세대』(공제) 『참여정부 경제 5년』(공제) 등 @fatboyredux

4·11 이후······ 좌파의 불안

좌파의 불안은 우파의 불만과 뗄 수 없는 문제다. 공히 정치의 공간에 대한 문제의식이다. 그렇다면 한국 사회에 좌파는 과연 있는가? 좌파의 불안을 묻고자 한다면 이것부터 물어야 할 것이다. 한국에서 좌파는 사실상 존재하기 힘들다. 우스갯소리로 이리 치이고 저리 치이는 것이 좌파라지만, 좌파에게는 오로지 해서는 안 되는 것들만 넘쳐나는 것 같았다. 역사적으로 스탈린주의는 실패했고, 유로코뮤니즘은 타락했으며, 생디칼리즘은 그 한계를 명확하게 드러냈다. 그 이외의 미시적 차원에서 문제의식을 가진 여러 사상은 앞으로 상당 기간 좌파가 국가를 통치하면 안 된다는 점을 웅변할 뿐인 듯하다.

더욱이 정치 공간이 팬덤과 소비자 행동주의라는 두 행위 양식만이 지배하는 곳이 되어버리면서, 자원을 많이 쥐고 있는 우파보다 열악한 상태에 처한 좌파의 위기는 매우 심각하다. 이러한 상황에도 형이상학적인 순결주의, 기준 없는 실용주의가 서로 뭉쳐 펼쳐지는 것이 한국 좌파의 현실임은 부인할 수 없을 듯하다.

사실 좌파는 늘 다성적이고 분열적이었다. 역설적으로 그것이
좌파의 가장 중요한 심성적 자원이었다고 해도 과언이 아니다. 좌파는
언제나 불안을 먹고살았고, 그 불안 속에서 현재를 넘어서는 상상력을
사유해왔다. 그러나 4·11 총선 이후 벌어진 통합진보당 사태 내부의
다성성과 분열성은 민주주의라는 가치를 그들 스스로 지켜오지
못해왔음을 만천하에 알리는 꼴이었다. 문제의 심각성은 더욱 커졌다.

이 사태를 통해 사람들은 더 이상 좌파가 윤리적 주체가
아님을 알게 되었다. 물론 좌파를 윤리적 주체로 바라보는 것부터
분석이 좀 더 필요한 문제적 시각이지만 말이다. 산업화세력 대
민주화세력이라는 우파적 구도에서 민주주의는 좌파가 선점할 수 있는
중요한 가치였지만, 좌파는 민주주의에 대해서도 별로 할 말이 없게
되었다.

이제 민주주의라는 이름을 역사적으로 상징화했던 '민주화'는
한국 사람이라면 모두가 중요하게 기억해야 할 서사인가라는
질문을 던져봐야 할 것이다. 4·11 총선과 통합진보당 사태는 더 이상
민주화라는 가치의 강조만으로는 대중의 삶과 함께할 수 없음을
보여준 사건이었다. 진보는 자신의 주된 프레임이자 서사로 민주화를
내세웠지만, 그 결과는 처참했다. 다시 정리하자면 이것은 더 이상
한국 사회의 문제를 해결하는 데 민주화라는 역사적 줄기가 동력이나
지침으로 활용될 수 없다는 것을 의미한다. 오늘날 민주화라는 이름은
'386의 서사'라는 맥락 속에서 '사유화된 역사'로 인식되고 있음을
진보는 고민해야 하지 않을까.

이는 곧 새로운 적대를 상상하지 못하는 한국의 주류 진보 세력

내 문제로 이어진다. 한국의 좌파는 지금 여기에서 벌어지는 문제들을 모조리 낡은 적대의 틀 속에 집어넣어버린다. 그들이 변했다고 애를 쓰며 보여주는 것이란, 시위의 '스타일'과 SNS 같은 커뮤니케이션 수단의 활용이었다. 그러고서는 이들은 새로운 진보라고 호들갑을 떨었다.

하지만 이제 사람들은 4·11 이후 자신이 구독하는 블로그나 트위터 타임라인이 한국 그 자체가 아니었던가? 하는 의문을 갖게 되었다. 소셜 미디어 등은 정치적 희망을 표할 새로운 도구로 떠올랐지만 그 열의가 상당히 '편집'되어 있음을 깨닫기 시작했다는 것은, 소통이라는 차원을 매우 단순하게 생각한 진보의 패착이기도 했음을 잊지 말아야 한다.

우리는 이런 가운데 한국 좌파의 생태계를 만들어내는 것이 매우 필요하다고 주장한다. 특히 이를 위해 필요한 것은 자유민주주의의 가치를 밀어붙이는 것이다. 이는 그 자유민주주의와 타협하자는 말이 아니다. 다양한 가치와 의견을 개진할 수 있는 자유민주주의의 가치 속에서 좌파의 생태계를 만들어내기 위한 전략을 세우자는 것이다. 또 진보정당으로 모든 좌파운동이나 그 가치를 수렴해버리는 태도는 경계해야 할 것이다. 진보정당과 급진적 대중운동은 때로는 대립적이면서 상호 협력하는 관계이다. 진보정당의 고민은 곧 대중운동의 고민과 함께 가야 한다는 사실이 무엇보다 공유되어야 한다고 본다.

좌파의 위기라는 현상은 정치적 주체의 문제와도 결부된다. 이는 좌파가 정치와 대중의 관계를 얼마나 세밀하게 보고 있는가를 가늠하는 문제이기도 하다. 우리는 이중에서 계급의 문제를 도외시해서는 안 된다고 생각한다. 현실에서 계급에 관한 이슈는 늘 폭발하고 있지만, 좌파는 오늘날 중간계급의 욕망에 끌려다니고 있는 실정이다. 좌파가 내세워왔던 변화와 저항의 흐름이 중간계급의 교양으로만 소비된 채, 선거철마다 밀물과 썰물처럼 자신의 지지자들을 떠나보내고 만나는 진보 정당의 상황을 가볍게 볼 측면이 아님은 이 때문이다.

시민권이 오직 남에게 피해를 주지 않는 차원에서 발휘되는 덕이라는 윤리적 차원으로 소비되고, 자본주의가 만들어가는 다양한 주체가 계속해서 사회에 나오고 있는 작금의 상황 속에서, 좌파는 무엇보다 대중을 대중 그 자체로 보려는 단순한 시각을 버려야 할 것이다. 그러기 위해서는 한국의 진보는 자신들의 제도적 권력을 추구하기에 힘쓰기보다는 타인의 소리를 듣고 자신의 생각을 보충하려는 노력을 게을리 하지 말아야 한다. 우리는 지금 한국 좌파에게 대화의 열정을 촉구한다.

이택광, 박권일, 김진호, 최태섭, 김민하, 박연이
함께 쓰다

주

제명

막시밀리앙 로베스피에르, 슬라보예 지젝(엮음), 『로베스피에르: 덕치와 공포정치』, 배기현 옮김, 프레시안북, 2009, 14쪽.

프롤로그_ 한국의 우파가 투덜거리는 이유

1) 조지 레이코프, 『도덕, 정치를 말하다』, 손대오 옮김, 김영사, 2010, 279쪽.
2) 이나미, 『한국의 보수와 수구: 이념의 역사』, 지성사, 2011, 14쪽.

1장_ '중간계급'이라는 새로운 우파의 불만

1) 사이토 준이치, 『민주적 공공성』, 윤대석 외 옮김, 이음, 2009, 29쪽.
2) 박권일, 「'강남 좌파'가 아니라 '표준 시민'이다」, 『시사인』 207호.
3) 사카이 다카시 지음, 『통치성과 자유: 신자유주의 권력의 계보학』, 오하나 옮김, 그린비, 238쪽.
4) 같은 책, 239쪽.
5) 박노자의 비판은 다음을 참고할 것.
   http://www.redian.org/news/articleView.html?idxno=24007
6) 푸코는 시장과 사회를 구분했던 독일식 자유주의에 대비해서 사회를 시장의 논리로 재단하는 미국식 자유주의를 신자유주의라고 언급하는데, 이 글에서 논의하는 신자유주의는 푸코의 정의를 따른다.
7) Johanna Bockman, *Markets in the Name of Socialism: The Left-Wing Origins of Neoliberalism*, Stanford: Stanford University Press, 2011, p. 4
8) 여기에 대해서는 안병진, 「미국 신보수주의의 사상적 배경」, 『한국사회과학』 26권, 2004, 37~67쪽을 참조할 것.
9) Connolly, William, *Identity | Difference: Democratic Negotiations of Political Paradox*, Minneapolis:

Minnesota University Press, 2002. p. 40.

10) 이런 신보수주의의 철학사상은 레오 스트라우스를 통해 제공되었다는 설이 유력하다. 정
치를 자연의 문제로 본 대표적인 저작은 다음을 볼 것. Leo Strauss, *Natural Right and History*,
Chicago: Chicago University Press, 1950.

11) Christoph, Menke, *Reflections of Equality*, trans. Howard Rouse and Andrei Deneikine, Stanford:
Stanford University Press, 2006. pp. 129~130.

2장_근대적 스탠더드에 대한 우파의 욕망과 불만

1) 박지훈, 「한국 신자유주의의 기원」, 서강대학교 대학원 정치외교학과 석사과정, 2007.

2) 강만수, 『현장에서 본 한국경제 30년』, 삼성경제연구소, 2005, 504~506쪽.

3) 같은 책, 417~418쪽.

4) 최병성, 「김종인 "양극화 해소 못하는 정당, 집권 힘들어"」, 『뷰스앤뉴스』, 2012년 6월 11일자.

5) 허완, 「실력도 여건도 부족한 진보언론… 경제면은 '계륵'?」, 『미디어오늘』, 2012년 5월 17일자.

3장_기독교 우파와 신新귀족주의

1) 18세기 중반경에 일어난 제1차 대부흥운동과 19세기 말~20세기 초에 일어난 제2차 대부흥운
동 이후, 여기서 말한 '새로운 대부흥운동'은 1960년대 말 이후 미국의 대형 교단인 남침례교를
비롯해서 오순절 계통의 교회들, 그리고 몰몬교 등에서 나타난 급속한 성장 현상을 말한다.

2) 이 시기에 등장한 교회성장학은 일종의 교회 선교 마케팅에 관한 테크놀로지라고 해도 과언이
아니다.

3) 대형 교회의 이러한 성장 추세는 한국 개신교의 성장률이 둔화된 1990년대 이후, 특히 감소되
고 있는 2000년대 이후에도 여전히 지속되고 있다.

4) 소비자본주의가 아직 발전하지는 못했지만 전후세대가 20대에 들어서는 1970년대에, 팝송을
부르는 청년층이 통기타를 치며 등장할 무렵, 교회에서도 청년층의 신앙문화가 널리 확산되었
다. 기타는 전체 집회에서 부르는 집단적 찬송문화를 개별로 혹은 소집단에서 부르는 가스펠
송 문화로 이행하게 하는 주요 매체가 되었다. 나는 여기서 교회의 일원이 아닌 개별자로서의
신앙인이라는 새로운 종교적 주체의 탄생이 등장하는 계기를 본다. 점차 신앙이 공동체의 집
단적·윤리적 고백의 영역에 한정되지 않고 사적인 즐거움을 향유하는 영역으로 확장되기 시
작한 것이다. 한편 1980년대 중반 이후 서서히 드럼, 전자악기 등이 교회 안으로 들어오면서,
신앙집회는 소비자본주의적 즐거움과 신앙을 결합시켜 소비하는 공간으로 자리 잡아가고 있
다. 하지만 아직 일부 대형 교회를 제외하고는 발전된 소비자본주의적 테크놀로지의 활용이
제한적이다.

5) 조용기는 자신의 책 『3차원의 인생을 지배하는 4차원의 영성』, 교회성장연구소, 2004에서 자

신이 박정희 대통령에게 농촌 재건을 위한 방안으로 건의한 '새마을운동'이 김현욱 내무장관이 종교 편향성의 혐의를 피하기 위해 변형시킨 '새마을운동'이었다는 야사를 소개했다.

6) 홍영기, 『4차원의 리더십—성공하는 영적 지도자의 7가지 비밀』, 교회성장연구소, 2007.

7) 실제로 메가처치의 경우를 제외하면 목회자의 사역 형태는 순회사역인 경우가 훨씬 많다. 교인이나 목회자 모두 그렇게 하는 것이 목회자 자신을 위해서나 교인을 위해서, 또 교회를 위해서 더 나은 것이라는 생각이 일반적으로 통용된다.

8) 조용기 연구자인 홍영기는 여의도순복음교회의 제도화에서 조용기의 카리스마적 리더십의 일상화를 해석해낸다. 자세한 내용은 홍영기, 「영산과 카리스마 리더십」, 『성령과 신학』 19호, 2003을 참고할 것.

9) 이런 풍모는 1977년 소망교회를 설립하고 2003년 은퇴하여 원로목사에 취임한 곽선희 목사의 모습이다. 반면 그를 승계하여 2대 담임목사로 취임한 김지철은 학자적 풍모가 강하며, 카리스마적 리더십보다는 합리적 리더십을 더 강하게 풍긴다.

10) 이 단락은 졸저 「'웰빙 우파'와 대형 교회—문화적 선진화 현상으로서의 후발 대형 교회」, 『한국보수주의의 형성과 그리스도교 포럼 제1차 연구발표회 자료집』, 2011, 8쪽을 인용한 것이다. 그리고 이번 장의 내용은 이 글에 의존하고 있다.

11) 이해연·김문영·박광희, 「신귀족성향 소비문화계층에 관한 고찰—보보스(Bobos)와 포쉬(POSH)를 중심으로」, 『대한가정학회지』 42권 8호, 2004 참조.

12) 김석수는 현대의 웰빙 문화가 "정치·경제 권력으로부터 해방된 놀이가 아니라 또 하나의 권력놀이, 최소한 문화계급의 돌이가 되고 있다"고 본다. 자세한 내용은 다음을 참고하라. 김석수, 「현대 웰빙 문화의 발생 원인에 대한 분석과 미래의 새로운 방향에 대한 모색—몸 이미지 무의식 개념을 중심으로」, 『동서사상』, 1호, 2006, 137쪽.

13) 「'웰빙 우파'와 대형 교회—문화적 선진화 현상으로서의 후발 대형 교회」, 『한국보수주의의 형성과 그리스도교 포럼 제1차 연구발표회 자료집』, 2011

14) 김진호, 「'풍요의 신학', 어디까지 가능한가?」, 『대화문화아카데미 '성서의 역설적 쟁점' 자료집』, 2008 참조(http://owal.tistory.com/1).

15) 김진호, 「신들의 사회: 한국 근대의 신은 죽었다?」, 『한겨레21』 828호.

4장_인문우파를 위한 현실 가이드-교양과 지배의 불가능성에 대하여

1) 손기태 외 지음, 『불온한 인문학』, 휴머니스트, 2011 및 박명림 외 지음, 『사회인문학이란 무엇인가』, 한길사, 2011 등 국내 융성해진 인문학 바람을 분석하고 비판하는 결과물이 출간되고 있다. 나는 이 논의들에서 발견되는 인문학을 둘러싼 진정성의 판별보다는 인문학이 자본주의의 절합 전략과 관계를 맺는 가운데, 이를 통해 오늘날 자본주의적 상태를 유지하려는 우파의 이데올로기적 전술에 더 초점을 맞추었다는 것을 밝혀둔다.

2) 클라이드 W. 바로우, 『대학과 자본주의 국가—기업자유주의와 미국 고등교육의 개조 1894~1928』, 박거용 옮김, 문화과학사, 2010, 35쪽.

3) 같은 책, 387쪽.
4) 피에르 부르디외, 『구별짓기 上』, 최종철 옮김, 새물결, 2005, 13~14쪽.
5) 테리 이글턴, 『이론 이후』, 이재원 옮김, 도서출판 길, 2010, 20~21쪽.
6) 같은 책, 37쪽.
7) 조희연, 『동원된 근대화』, 후마니타스, 2010, 275쪽.

5장_멘토, 최첨단 자본주의를 이끌다

1) 윤호우, 「[편집실에서] 꼰대와 멘토의 차이」, 『주간경향』 955호.
2) 「내 인생의 플랜을 전문가에게? – 멘토링 사이트를 표방하는 '와이즈 멘토'」, 『중등우리교육』
   189호, 2005.
3) 공신(http://gongsin.com)
4) 「새싹 멘토링 전국적으로 확대–서울대에서 시작된 새싹 멘토링 큰 호응으로 전국 13개 대학
   으로 확대 시행될 계획」, 『대학신문』, 2011년 3월 20일자.
5) 교육과학기술부블로그, 〈공부 나눔 봉사모임 '새싹멘토링'〉(http://if-blog.tistory.com/277)
6) 리처드 플로리다, 『신창조 계급』, 이길태 옮김, 북콘서트, 2011, 32쪽.

6장_뉴라이트에서 네오라이트로?-한국의 반反이주 노동담론 분석

1) 이 글에서 분석한 반이주 담론은 모두 인터넷 커뮤니티에서 발췌한 것이다. 인터넷에서 유통
   되는 담론이기에 대표성 문제(현실에 대한 정확한 반영인가)가 필연적으로 발생할 수밖에 없
   지만, 반이주 담론을 비교적 일관되게 관찰할 수 있는 사실상 유일한 공간이 인터넷 커뮤니티
   라는 측면에서 불가피한 부분이 있었다. 이후 기회가 된다면 심층 면접 등의 방식으로 방법론
   상의 약점을 보강할 필요가 있음을 밝힌다.

우파의 불만

ⓒ 이택광, 박권일, 김진호, 최태섭, 김민하, 박연 2012

초판인쇄 2012년 7월 30일
초판발행 2012년 8월 6일

지은이 이택광, 박권일 외 4인
펴낸이 강성민
인터뷰 진행 김신식
사진 김연우
편집 이은혜 박민수 김신식
마케팅 최현수
온라인 마케팅 이상혁 장선아

펴낸곳 (주)글항아리 | 출판등록 2009년 1월 19일 제406-2009-000002호

주소 413-756 경기도 파주시 문발동 파주출판도시 513-8
전자우편 bookpot@hanmail.net
전화번호 031-955-8891(마케팅) 031-955-2670(편집부)
팩스 031-955-2557

ISBN 978-89-6735-006-2 03300

이 책의 판권은 지은이와 글항아리에 있습니다.
이 책 내용의 전부 또는 일부를 재사용하려면 반드시 양측의 서면 동의를 받아야 합니다.

글항아리는 (주)문학동네의 계열사입니다.

이 도서의 국립중앙도서관 출판시도서목록(CIP)은 e-CIP홈페이지(http://www.nl.go.kr/ecip)와
국가자료공동목록시스템(http://www.nl.go.kr/kolisnet)에서 이용하실 수 있습니다.
(CIP제어번호 : CIP2012003332)